LA CHOUANNERIE

BLANCS CONTRE BLEUS

1790-1800

PAR CHARLES LE GOFFIC

DE L'ACADÉMIE FRANÇAISE

CHAPITRE PREMIER

LES ORIGINES DU MOUVEMENT

LA Chouannerie, c'est sans doute une variété de guerre agraire, un hérissement des ajoncs, la lande du Faou qui s'insurge contre Paris, dira le vieil Hugo, et cependant elle n'est pas plus une guerre sociale qu'une guerre politique. A la différence des guerres agraires de l'antiquité, la possession du sol n'y est pas en cause ; les franchises bretonnes invoquées par les gentilshommes du clan de Botherel et de La Rouërie, l'établissement de la monarchie parlementaire rêvée par Puisaye, fadaises, nourriture de cerveaux creux. Le Chouan pur, le paysan, la peau de bique, la grande culotte, s'insurge uniquement contre la tyrannie de l'État républicain persécuteur de sa foi, non contre la forme de cet État. Les levées en masse, la conscription, les réquisitions, le maximum et le cours forcé achèveront de lui faire prendre le régime en horreur. Plus encore que la Vendée, on peut définir la Chouannerie un duel entre le réalisme terrien et le philosophisme révolutionnaire.

Mais, à l'origine, la Révolution n'a pas de plus chaud partisan que ce même rustique qui va lui planter sa fourche dans le dos. L'agitation de la province, de 1789 à 1791, ne doit pas faire illusion : ces troubles de Rennes, Nantes, Vannes, Quimper, Lannion, Saint-Pol, etc., ne diffèrent pas essentiellement de ceux qu'on observe sur le reste du territoire, non plus que les sacs de châteaux et d'abbayes, les auto-dafé de titres féodaux ne diffèrent dans les campagnes bretonnes des brûleries et des sacs de même ordre dont pâtissent les autres provinces. Sorte d'impétigo, d'éruption violente, déterminée dans le corps du pays par la brusque subversion qui s'y est produite ; par les espérances immodérées, les invraisemblables illusions dont se repaît l'imagination des masses depuis cette entrée dans le Chanaan révolutionnaire ; par la difficulté, presque, l'impossibilité de substituer du jour au lendemain un système d'administration à un autre ; par les conditions défectueuses de vie qui en résultent et que sont venus aggraver la disette des grains, l'évasion du numéraire, le développement du vagabondage et, en Basse-Bretagne et dans le Bas-Maine spécialement, l'arrêt à peu près total du commerce de la toile, principale ressource des deux tiers de nos campagnes, dit un contemporain, Le Vaillant, de Pleudaniel....

Ces troubles, quoi qu'il en soit, n'ont aucun caractère anticonstitutionnel : tantôt, comme à Lannion et à Tréguier, il s'agit d'un conflit au sujet de l'attribution d'un convoi de blé ; tantôt, comme à Quimper, d'une coalition des débitants pour se soustraire à l'impôt sur les vins qu'ils pensent aboli avec toute l'ancienne fiscalité. A Brest seulement, l'indiscipline des équipages, le vieil antagonisme entre les officiers nobles, dont la morgue passait toute créance, et les officiers bleus ou roturiers, l'imprudence des uns, les excitations des autres, aboutissaient à de véritables émeutes, des chasses à l'homme dignes du pavé parisien :

maintes têtes sont déjà promenées au bout des piques ; M. de Marigny, major général de la Marine, est pendu en effigie à la porte de sa femme ; M. de La Jaille, commandant du *Duguay-Trouin*, saisi, colleté, assommé, n'échappe à la mort que par l'intervention d'un charcutier herculéen du nom de Lauvergat. Réparant ses anciens torts et poussant l'esprit de renoncement jusqu'au point où il eût cessé d'être compatible avec l'honneur et la fidélité au trône, le Grand-Corps, son chef, le comte d'Hector en tête, s'est pourtant plié de bonne grâce aux exigences du nouveau régime et a tout fait pour ramener la concorde sur les vaisseaux : son temps est passé, son autorité méconnue et, s'il ne veut être pendu autrement qu'en effigie, il n'a plus qu'à émigrer.

L'exemple vient de haut, d'ailleurs, et lui a été donné, à peine la Bastille tombée, par les plus grands personnages du royaume, le comte d'Artois, les ducs d'Angoulême et de Berry, les princes de Condé, de Conti, les Guiche, les Broglie, les Vaudémont, les Lambesc, les Polignac, l'ex-garde des sceaux Barentin, etc. Dans la province même, nombre de gentilshommes résidant, justement alarmés par les derniers événements qui prennent toute la tournure d'une jacquerie, ont gagné avec leurs familles le port le plus proche d'où ils n'ont fait qu'un saut jusqu'à Jersey ou à Plymouth. La paysantaille, armée jusqu'aux dents, ne se bornait point à forcer l'entrée des châteaux et à faire main basse sur les titres des chartriers qu'elle emportait pour les noyer ou qu'elle brûlait sur place, les fusillant quelquefois, comme à Châteauneuf, pour plus de précaution, avant de les jeter dans le vivier : s'il arrivait qu'on lui résistât, elle se fâchait rouge et tantôt, comme au château de Beaumanoir, elle mutilait une futaie centenaire ; tantôt comme à Coatlau, chez le marquis de Guer, elle brûlait une bibliothèque privée de 30.000 volumes ; tantôt, comme au Kerlouet, elle attachait la châtelaine — en l'espèce la vieille et charitable marquise de Roquefeuil — à la poulie de son puits et la trempait dans l'eau glacée jusqu'à ce qu'elle eût cédé ; tantôt, enfin, comme chez M. de Pinieu, à qui furent dérobés, au témoignage de Limon du Tymeur, 11.000 livres d'argent comptant, elle promenait la torche dans les appartements et grillait l'immeuble avec les papiers. A la date du 19 février 1790, ce même Limon du Tymeur, beau-frère de La Tour d'Auvergne, comptait ainsi dans la province plus de 22 châteaux pillés, brûlés ou dévastés, sans compter l'abbaye des Bénédictins de Redon, et, comme il allait clore sa lettre, il apprenait encore l'incendie de deux autres châteaux, Bruc et Renac, sur la route de Rennes à Nantes.... Le courant d'émigration s'en accélérait d'autant, à la grande joie des uns, au grand dépit des autres, comme Limon, qui cherchait par qui ou par quoi remplacer les nobles dans ces campagnes qu'ils comblaient de charité et de bienfaisance[1].

La Grande Peur semble avoir été tout à fait étrangère à ces mouvements qui commencèrent le ii août 1789 avec le sac du Kerlouet (Finistère) et, par Plounévez-Moëdec, Plouër, Ploubalay — sacs du Marquès, de Beaumanoir, du Chêne-Ferron, etc. —, s'étendirent peu à peu à toute la province avec des relâches, des reprises, une intensité particulière autour de Dinan et dans l'Ille-et-Vilaine, même dans certaines paroisses morbihannaises de la sénéchaussée de Ploërmel où deux vieillards, M. de Villeneuve et sa femme, sont chauffés, même en Loire-Inférieure — sac des hôtels de MM. de Granville et du Halgouët — et jusque dans la Mayenne — incendie et sac des châteaux de Cuillé et d'Hauteville —. L'on pénètre difficilement le motif de ces ravages et d'où en peut venir l'impulsion, écrivait à son correspondant Limon du Tymeur qui constatait

4

---

1 Lettre inédite.

cependant que parmi les brigands, tous armés de sabres, fusils, haches, fourches, couteaux attachés au bout des bâtons, se trouvaient beaucoup de déserteurs, cartouches jaunes... qui ont soulevé et attroupé des paysans de chaque endroit. Il se peut bien en effet que l'étincelle soit venue de cette racaille et des vagabonds que Paris refoulait vers les provinces et auxquels on devait payer trois sous par lieue, mais qui ne se contentaient point toujours de cette dérisoire indemnité de chômage : ce qu'il y a de sûr, c'est que la matière où l'étincelle tombait était particulièrement inflammable, au point qu'en certains endroits elle prit feu toute seule. C'est au domaine congéable — mode de fermage dans lequel la surface appartenait aux tenanciers, le fond aux bailleurs, et qui eût été très tolérable sans les lourdes servitudes féodales dont il s'accompagnait — que les paysans bretons en voulaient surtout : les cahiers des paroisses s'étaient montrés unanimes à le dénoncer et leurs rédacteurs n'avaient pas eu besoin là-dessus d'être soufflés par les robins. Les incendies, les pillages, les immenses soûleries terminées en coliques de miserere, où l'on mettait à sec des caves entières et jusqu'à la pharmacie du château, même les violences et les meurtres ne sont que l'accessoire : l'abolition du régime domanial est la grande affaire, et quel moyen plus radical d'en assurer l'abolition que de briller, de noyer, de détruire les titres qui l'établissent, ces rentiers et ces registres terriers que l'imprudente aristocratie bretonne, à la veille de la Révolution, s'est avisée sottement de faire remettre à jour ? Les directoires de district s'en rendaient parfaitement compte : ils détachaient bien au début contre les brigands quelque colonne de gardes nationaux, un peloton de dragons ou de hussards qui sabrait cette canaille ; à la fin ils laissèrent faire et les émeutiers ne furent plus poursuivis, ou, poursuivis, s'en retournèrent acquittés. En somme, directoires urbains et insurgés ruraux n'avaient-ils point le même ennemi, cette noblesse qu'il s'agissait d'évincer, ceux-ci en lui prenant le pouvoir politique, ceux-là, disposant déjà de la surface du sol, en s'appropriant le fond ? Ainsi, au début de la Révolution, rien ne sépare en Bretagne la classe paysanne de la bourgeoisie, et tout les rapproche ; elle est même si peu suspecte de tiédeur envers les idées nouvelles, cette Bretagne des *guiraour* (domaniers) cornouaillais et vannetais et des métayers du haut pays, elle apporte tant de feu à l'épuration du territoire, n'attendant pas toujours la promulgation des décrets pour en assurer par main propre l'exécution, que sa commère la bourgeoisie, plus rassise, plus formaliste, serait tentée de lui dire comme Elmire à Mme Pernelle :

Vous marchez d'un tel pas qu'on a peine à vous suivre !...

Le clergé observe-t-il une attitude différente ? Le haut clergé, oui. Cependant, quoiqu'il ait refusé avec la noblesse de députer aux États, il ne se déclare pas tout de suite : Mgr Conan de Saint-Luc, évêque de Quimper, l'ennemi personnel des francs-maçons qu'il dénonce et traque sans pitié depuis son avènement, est d'ailleurs fort vieux et malade ; Mgr de Bellescize, évêque de Saint-Brieuc, ne réside pas ; Mgr de La Marche lui-même, bien qu'ancien lieutenant de dragons, garde tout d'abord ou semble garder, dans son diocèse du Léon, une attitude expectante. Semblablement, Mgr de Hercé, évêque et comte de Dol et le futur martyr de Quiberon, qui n'élève de réserves contre les décrets en préparation que dans la fête civique du 21 mars 1790. Seul Mgr Le Mintier, évêque et comte de Tréguier, part en guerre sans plus attendre. Son fameux mandement, où il dénonçait le philosophisme régnant comme la source de tous les maux contemporains et protestait avec virulence contre les réformes de la Constituante, qu'il qualifiait d'innovation dangereuse, est du 14 septembre 1789.

Lorsque le premier, le plus illustre trône de l'univers est ébranlé jusque dans ses fondements, écrivait-il, lorsque les mouvements convulsifs de la capitale se font sentir dans les provinces les plus reculées, serait-il permis à un évêque de garder le silence ? Hélas ! qu'elle est différente d'elle-même, cette monarchie française, le plus beau domaine de l'Église catholique, et quel est le ministre des autels dont les entrailles ne seraient pas déchirées ? La religion est anéantie, ses ministres sont réduits à la triste condition de commis appointés des brigands....

Évidemment — et si c'est là le texte exact de son mandement — cet évêque ne mâchait pas ses mots. Traiter de brigands la majorité de l'Assemblée nationale, avant même qu'elle eût abordé le projet de réforme ecclésiastique et quand elle n'avait à son passif que la suppression des dîmes remplacées par un traitement fixe, excédait peut- être la liberté de langage permise à un haut dignitaire de l'Église. C'est le 29 mai 1790 seulement, près de neuf mois après la publication du mandement de Mgr Le Mintier, que s'ouvrirent les débats sur la Constitution civile du clergé ; c'est le 12 juillet que fut promulgué le décret sur cette Constitution, et il faudra encore cinq mois pour que le serment soit imposé.

On ne peut refuser néanmoins à Mgr Le Mintier un certain don de prophétie. Les scènes de jacquerie qui avaient commencé d'éclater étaient une autre excuse à sa fougueuse offensive contre les chimères des systèmes d'égalité dans les rangs et dans les fortunes proposés à la crédulité du pays. Tel fut sans doute le sentiment des juges du Châtelet devant lesquels dut comparaître l'irascible et trop clairvoyant prélat : passant outre au rapport du député Alquier, nettement défavorable au prévenu sur les deux chefs principaux d'accusation, excitation des populations rurales à la révolte, entente criminelle avec les nobles de son diocèse pour affaiblir les milices urbaines et leur substituer une organisation de résistance, ils le renvoyèrent des fins de la plainte après onze mois d'enquêtes et de contre-enquêtes. Mais il est vrai que dans l'intervalle Mgr Le Mintier avait daigné bénir les drapeaux de la garde nationale de Saint-Brieuc : la Terreur n'était point encore à l'ordre du jour, et cette concession le sauva.

Reste le bas clergé. Pas d'hésitation ici : en très grande majorité, pour ne pas dire en totalité, les simples prêtres, recteurs, vicaires, etc., ainsi que les réguliers des différents ordres établis dans la province, sont acquis aux idées nouvelles, — même des saints hommes comme cet abbé Cormaux promis à la guillotine et qu'invoqueront dans leurs litanies nocturnes ses paroissiens de Plaintel :

> Des habits bleus et des juroux,
> O saint Cormaux, délivrez-nous !...

La réforme du clergé le scandalise et l'effraie si peu qu'il la prône publiquement à ses confrères, bien mieux qu'il accepte, après le 9 juin 1790, où il a prêché dans la cathédrale de Saint-Brieuc sur les beautés de la Constitution, les fonctions de président du district. *Ab uno*....

En somme, la Révolution ne trouve contre elle, en Bretagne, jusqu'en 1791, que les coquins d'aristocrates, pour parler à la façon de l'avocat lannionnais Rivoalan, si prompt à oublier les services rendus par ces alliés de la veille. Car, en 1788 encore, noblesse et tiers bataillaient côte à côte pour la sauvegarde des franchises bretonnes, la restitution du droit de remontrance aux parlements : ils ne mangeront point tout le minot de sel ensemble, comme dit le peuple, et cette belle entente aura duré quelques mois, le temps de forcer la main au faible Louis XVI. En réalité le tiers se souciait bien de la duchesse Anne et de son contrat gothique ! Mais tout lui était bon qui pouvait affaiblir la Couronne et favoriser sa propre ascension. Cela a fini, comme il était logique, par des horions et quelques tués et blessés dans les rues de Rennes. Force est restée au tiers qui réclamait le doublement de sa représentation aux Etats : première victoire, présage de beaucoup d'autres et dont le retentissement est énorme. On chantera bientôt dans Paris :

> Vivent les Marseillois,
> Les Bretons et nos lois !

Que n'attendait-on pas de ces têtes chaudes ! Toute la France a les yeux tournés vers la Bretagne, pouvait écrire de Paris sans la moindre hyperbole, le 19 janvier 1789, Jacques Violard, et tout le monde nous accoste pour demander si nous commençons à nous battre chez nous. Bien obligés. Mais il faudra patienter encore un peu avant qu'on en vienne sérieusement aux prises, et ce ne sera pas la faute des gentilshommes. Aux élections pour les États généraux, plutôt que d'accepter le vote par tête, la dure loi du nombre, la noblesse bretonne s'est dédaigneusement retirée, suivie du haut clergé : ni l'un ni l'autre, tenus désormais pour ennemis de la chose publique, ne députeront à l'Assemblée nationale. Bouderie stupide qui faussera la balance de la représentation bretonne, la privera du contrepoids nécessaire. Toute l'influence passera au tiers, à la robinocratie. Mais, d'une part, les paysans qui se flattaient, par la destruction des titres, de pouvoir mettre la main sur le sol, vont s'apercevoir, quand la vente des biens nationaux aura opéré le transfert de la propriété rurale, qu'ils ne sont point les bons marchands de l'opération et qu'ils n'ont fait en somme que troquer des maîtres assez accommodants dans l'ensemble contre d'autres beaucoup plus exigeants ; le petit desservant, de son côté, ne verra pas sa condition grandement améliorée par l'abolition des dîmes, des prébendes, des canonicats et la confiscation des biens de mainmorte, même du bout de jardinet de sa cure, qui profitera encore à la seule classe bourgeoise dont l'appétit extraordinaire engloutirait tout le royaume.

La situation commence visiblement à se retourner : voilà deux fractions du tiers dont l'enthousiasme révolutionnaire est déjà bien refroidi. Il serait d'une bonne politique de le réchauffer, de l'entretenir, comme on fait pour la classe artisane qui n'a pas beaucoup plus gagné que les fractions précédentes à la Révolution et qu'on amuse de fêtes civiles, de manifestations oratoires, qu'on tient par les clubs, les sections, l'embrigadement dans les milices urbaines et les bas services publics, par la sportule quotidienne. En outre, l'ouvrier des villes est volontiers esprit fort, disposé donc à recevoir sans autre examen le nouvel évangile démocratique né au sein de l'Assemblée nationale de la collaboration des jansénistes, des gallicans et des disciples de Rousseau et connu sous le nom de Constitution civile du clergé. Mais le bas clergé lui-même et, avec lui, la classe paysanne presque tout entière, déjà bien aigrie, méfiante de ce papier qui a remplacé le numéraire et qu'achèvera de discréditer le cours forcé, ne seront point d'esprit aussi accommodant. Ils ne font qu'un au demeurant, ruraux et prêtres : la classe paysanne se reconnaît, se retrouve dans ces humbles desservants de village, recteurs, vicaires, qui lui parlent sa langue, tâtent de son brouet et goûtent à sa piquette, qui, bien qu'assez dénués pour la plupart, ne se montrent point trop exigeants, — ce pourquoi la dîme, qu'on ne paie qu'en rechignant à l'abbaye, on continuera de l'acquitter volontairement entre leurs mains après qu'elle aura été supprimée, — qui ne sont point non plus si sots ni si ignorants qu'on le dit — tel recteur de Buhulien, au XVIIIe siècle, encourra le blâme de ses paroissiens pour l'abus qu'il fait du grec dans ses prônes —, qui n'ont point enfin les mœurs relâchées du clergé des villes et de qui le respect qu'inspire leur caractère sacerdotal n'est point gâté par des réserves sur leurs personnes. Ils sont peuple, comme leur troupeau ; toucher à eux, c'est toucher à lui. On le vit tout de suite, ha Constitution civile du clergé, avec le changement de personnel ecclésiastique qui en fut la conséquence, telle est la première cause du mécontentement des campagnes, mécontentement général, mais plus ou moins profond, qui revêtit des formes très diverses, s'apaisa même assez rapidement sur beaucoup de points et prit en d'autres, tant en Bretagne que dans les provinces limitrophes (Normandie, Maine, Anjou), la forme aiguë à laquelle on a donné le nom de Chouannerie.

CHAPITRE II

LA CONJURATION DE LA ROUËRIE

En vertu des articles de cette Constitution et des dispositions législatives précédentes ou suivantes, les réguliers étaient déliés de leurs vœux ; les vœux eux-mêmes abolis ; les biens de mainmorte, les fondations pieuses, y compris celles pour la délivrance des âmes du Purgatoire, confisqués au profit de la Nation ; le casuel supprimé. La nouvelle organisation ecclésiastique ne conservait que les évêques et les prêtres, qui devenaient des fonctionnaires publics et recevaient un traitement, mais leur nomination, soustraite au Saint-Siège, était remise aux fidèles. Une nouvelle division des diocèses, ramenés en Bretagne de neuf à cinq, les faisait coïncider avec les départements, qui remplaçaient l'ancienne division en pays d'élections et pays d'états. Et, si ce n'était point tout à fait une organisation hérétique, puisqu'il n'y était point touché au dogme, c'était du moins la subordination complète du culte au pouvoir civil, la formation d'une véritable église gallicane et démocratique indépendante de Rome, un schisme. Les intéressés ne s'y méprirent pas longtemps.

S'ils ne protestèrent pas tout de suite, c'est que, promulguée les 12 juillet et 21 août 1790, la Constitution civile du clergé resta en sommeil jusqu'au 27 novembre, date où l'Assemblée, pour assurer sa marche, qui commençait d'apparaître bien aventurée, crut devoir déférer au serment tous les ecclésiastiques fonctionnaires publics — exactement comme en 1762, pour assurer le respect des quatre propositions et la fidélité aux principes de l'Église gallicane, le parlement de Bretagne avait voulu déférer les Jésuites au serment.

Triste, mais juste retour des choses. Quoi qu'il en soit, cette obligation néfaste, aggravée par la loi du 4 janvier 1791 qui ordonnait de prêter serment sans préambule, explication ou restriction, fit éclater le divorce latent : tous les évêques bretons et 80 p. 100 des membres du clergé refusèrent le serment ou, l'ayant rendu, se rétractèrent. La Constitution civile, selon la réponse de l'un d'eux, ne faisait pas qu'attaquer la hiérarchie, elle la renversait ; elle tendait à rompre les liens sacrés qui depuis Clovis unissent la monarchie française au siège de saint Pierre ; elle était l'œuvre d'incompétents et d'inaptes substitués au concile national, seul juge, après Rome, en telles matières ; elle portait à l'erreur ; on pouvait même dire qu'elle était hérétique en quelques points (abbé Cormaux). Quand Rome eut parlé, après les évêques, sanctionnant ce rude verdict d'un prêtre de campagne, tout fut dit.

Le refus du serment entraînait la démission de l'insermenté et son remplacement par un sermentaire. Mais les prêtres de ce genre étaient le petit nombre ; de plus, les remplaçants, assez souvent pris parmi les cordeliers, carmes, bernardins et autres congréganistes lâchés dans le siècle, n'étaient pas tous des miroirs de sainteté ; ces intrus ou jureurs, ainsi que les appelait le peuple des campagnes, bien loin de faire oublier les réfractaires expulsés manu militari, relégués à six lieues de leur ancienne paroisse ou jetés dans les prisons du directoire, ajoutaient aux regrets que leurs prédécesseurs avaient laissés. N'oublions pas cependant que, la Terreur venue qui les mettra en demeure de déposer leurs lettres de prêtrise et de se marier, eux aussi pour la plupart préféreront la prison à une apostasie — abbé Pommeret —, ce qui n'est pas l'indice de si vilaines âmes : 51 abdicataires pour tout le diocèse de Rennes, qui en contient le plus grand nombre, dont 20 seulement prennent femme ; dans les Côtes- du-Nord, un Nicolas Armez lui-même, panthéiste, libertin et trembleur, s'arrange pour esquiver l'obligation matrimoniale. Enfin l'installation du sermentaire se faisait rarement sans protestation ; quelquefois-on l'accueillait à coups de pierre et, d'autres fois, les poings, les *penn-baz*, les fourches, entraient en danse. Un cadet de noblesse appelé à une certaine notoriété dans les fastes de la Chouannerie, Carfort, recevait sa première blessure, le 9 novembre 1790, en défendant à l'assermenté Boscher l'entrée de l'église de Plémy. Et c'est dans une affaire semblable, à Saint-Ouen-des-Toits, contre l'intrus Pottier, qu'apparaît pour la première fois Jean Chouan. De proche en proche la fermentation gagnait ; des paroisses entières s'armaient, marchaient sur le chef-lieu du district ; un hasard seul sauvait Vannes, investie, le 13 février 1791, par les 3.000 vassaux du vieux comte de Franche ville, l'ancien chevalier de la Tribune dont raffolaient toutes les dames de Rennes, exact au plaisir comme à la bataille et qu'on avait vu naguère se faire passer pour mort afin d'échapper à ses créanciers. D'ailleurs, si la plupart des évêques dépossédés avaient pris le large, remplacés à l'élection par l'honnête gallican Claude Le Coz, condisciple et ami de La Tour d'Auvergne, par le bonhomme Jacob, *escoft an dero*, l'évêque des chênes et qui n'en avait que la rugosité extérieure, par l'énergumène Expilly qui entonnera le Ça ira en montant à l'autel, par un vieillard cacochyme, Le Masle, malade d'ambition rentrée, par l'exécrable Minée dont les Nantais affûteront la dernière syllabe et qu'ils appelleront dérisoirement sur le pas des portes : Minet... Minet..., beaucoup des anciens desservants de campagne, bénéficiant de l'obscurité, n'avaient pas quitté leurs paroisses et y célébraient des messes clandestines dans les granges, les caves, les antres forestiers et marins d'accès difficile tels que la grotte de l'autel à Morgat, voire au large, la nuit, pour les grandes fêtes, sur le pont d'un lougre, au milieu des barques de pêche accourues, comme dans les régions de Perros et de Cancale — l'abbé Inizan, Herpin —. Près de Saint-Malo, un petit oratoire en ruines, Notre- Dame-de-Grâce, recueillait l'héritage d'Israël (Bertrand Robidou) : on y baptisait et mariait au nez des gendarmes ; près de Vire, sur la bruyère de Monlevou, une tente, servant aux mêmes pratiques, devenait le centre d'une véritable mission, avec sermons en plein vent, plumets, drapeaux, tambours, trompettes, etc. (La Sicotière) ; autour de Saint-Brieuc, croix paroissiale en tête, des processions se rendaient de jour vers des sanctuaires fermés par ordre, Sainte-Anne-du- Moulin, Notre-Dame-des-Grafaux, Notre-Dame-de-Bon-Repos de Plérin, etc., et, quand ces pèlerinages de protestation furent interdits, la foule les reprit au brun de nuit, pieds nus, les sabots en main, pour déjouer l'attention des gardes nationaux. Un peuple d'ombres, les délégations de quatorze paroisses, conduisait dans les ténèbres sa lamentation hoquetante, déroulait par les landes et les chemins creux sa psalmodie angoissée :

Écrasez les juroux,

Le directoire du district n'en eut raison qu'à coups de fusil : deux processionnaires furent tués par une salve qui en blessa plusieurs autres et dispersa le reste. Recrues toutes trouvées pour l'insurrection qui travaillait à s'organiser dans l'ombre sous l'homme le plus propre à lui assurer le succès, — si la trahison et la mort n'avaient, comme deux anges funèbres, veillé à ses côtés : Tuffin, marquis de La Rouerie, le colonel Armand des guerres de l'Indépendance où il avait suivi La Fayette et levé à ses frais deux légions.

Terré dans son manoir familial, en Saint-Ouen, sous le couvert de forêts centenaires, La Rouërie guettait l'occasion, laissait mûrir les événements. C'était une tête volcanique, que son passé ne semblait point prédisposer pour l'exécution d'un plan réfléchi : le bruit de la guerre d'Amérique l'avait fait sortir de la Trappe, où il s'était enfermé après un duel malheureux pour une chanteuse de l'Opéra, la Beaumesnil, et une tentative avortée d'empoisonnement. De retour en France il se maria, perdit sa femme et, à son chevet, se lia avec le médecin qui la soignait, La Touche-Chèvetel, de Bazouges, un jouisseur, perdu de dettes, ami de Danton et qui devait le livrer à celui-ci. De 1790 à 1793, le manoir de Saint-Ouen, relié par des fils secrets à toute la province et aux provinces limitrophes, fut un laboratoire et bientôt une véritable usine de contre-révolution. La Chouannerie, sous le premier nom d'*Association bretonne*, sortit de là tout armée. La Rouerie, après deux voyages à Coblentz où l'accompagnait l'ancien procureur général de Bretagne, le comte de Botherel, avait réussi à convaincre les princes et à obtenir leur blanc-seing pour le soulèvement de l'Ouest. Peut-être attendit-il un peu trop à ouvrir la campagne. Il voulait faire coïncider le soulèvement avec l'entrée des Prussiens en France : l'échec de Brunswick (septembre 1792), l'annonce d'une nouvelle coalition l'engagèrent à remettre encore le signal du mouvement, soigneusement préparé et qui s'étendait à la Mayenne et à l'Avranchin. On a dit qu'il connaissait mal les hommes, et sa confiance en Chèvetel appuierait assez cette opinion ; et l'on a dit encore qu'il ne faisait pas assez de fond sur les campagnes, qu'il voyait trop les choses en militaire de l'ancienne armée, ignorant ou défiant des immenses ressources de l'âme populaire. Mais qu'en sait-on ? D'ailleurs Cadoudal ne s'était pas encore révélé et La Rouerie n'avait écarté ni Guillemot, qu'on appellera le roi de Bignan, ni Jean Cottereau dit Jean Chouan, faux-saunier et contumace, le parrain du mouvement. Il reste de toute façon que la plupart des gentilshommes à qui il avait distribué des commandements supérieurs et qui les exercèrent dans la suite ne trompèrent pas sa confiance : ni un Talmont dans la Mayenne, ni un Boisguy à Fougères, bien qu'à peine adulte, ni un Silz et un Tinténiac dans le Morbihan, ni un Boishardy dans les Côtes-du-Nord. Nous les retrouverons sur notre chemin, avec bien d'autres, inscrits sur les listes de La Rouërie et qui, sauf le prince de Talmont, n'appartenaient pas à l'aristocratie la plus huppée : petits hobereaux pour la plupart, haussés non sans peine au grade de lieutenant ou de capitaine dans l'armée royale et, parmi eux, Boisguy, un écolier. Mais c'est le propre des grandes crises sociales de brasser l'océan humain à la manière des tempêtes qui font monter à la surface les algues des profondeurs. Dans les deux camps adverses, les chefs qui s'affronteront seront des hommes nouveaux. La Révolution se délivre tout de suite des vieux figurants ; pour la soutenir, comme pour la combattre, elle ne veut que des jeunes premiers.

Et, après avoir trop attendu, le mouvement peut-être se déclara trop tôt, avant même que le signal en eût été donné par La Rouërie : la précipitation de deux ou trois comparses, Charles Elliot à Rennes, René Maloeuvre à Lorient, qui tentèrent de soulever la garnison de ces villes, perdit tout. Mais dès lors que Danton avait en mains le plan de la conspiration, les noms des conspirateurs — dont douze seront arrêtés et périront sur l'échafaud —, pouvait-elle aboutir ? Les moindres démarches de La Rouërie étaient épiées, suivies, ses futaies, son manoir cernés ; il lui fallait changer chaque nuit de quartier général, courir de Saint- Ouen à la Fosse-Hingant, à la Baronnais, à la Ville-Even, l'admirable Thérèse de Moëlien en croupe, son domestique Saint-Pierre et son secrétaire Loisel sur une autre monture, avec les portemanteaux, les papiers, le trésor de la conspiration. Et, de surcroît, la maladie s'en mêle. Chassée de la Ville-Even, traquée de ferme en ferme, une nuit la petite troupe s'égare. Un temps sinistre : neige et rafales et le sourd gémissement de la forêt flagellée. La Rouërie, qui galope en tête, s'abat dans une douve glacée. On l'en retire grelottant. Une dernière gentilhommière perdue sous les chênes, La Guyomarais, le recueille à demi mort. Mais une telle volonté de vie et d'action est en lui qu'il ne désespère pas, conteste jusqu'à son mal, pleurésie aiguë ou congestion pulmonaire. Et d'ailleurs Thérèse est là, avec les trois médecins qu'elle a fait appeler : si Dieu dut jamais un miracle à son peuple, c'est aujourd'hui. Qu'il se dépêche donc, car l'étreinte des milices républicaines, alertées par Danton, se resserre autour de La Guyomarais ! On n'a que le temps de transporter le moribond dans une métairie voisine. Les hôtes sont sûrs, l'endroit écarté. Quelle fatalité suprême voulut qu'il y traînât un journal où était relatée l'exécution de Louis XVI que l'entourage de La Rouërie avait réussi jusqu'alors à lui cacher ? Il lit, se dresse, tord les poings, fulmine — et meurt (30 janvier 1793).

Vivant, eût-il mené à bien sa tentative ? Devons-nous croire avec Bertrand Robidou, qui porta les premiers rayons dans cette pathétique intrigue, que, raccordée à temps au mouvement vendéen, l'habile conspiration de la Rouërie eût donné aux guerres de l'Ouest l'unité qui leur a manqué ? La trahison, dit-il, et la mort prématurée du chef la firent échouer. Elle laissa une foule de membres épars et compromis qui n'entreprirent rien avec ensemble. La contre-Révolution, en Bretagne, était tuée. Elle ne s'éleva jamais depuis — sauf dans l'épisode de Quiberon — à la hauteur d'une conception stratégique. Mais s'y fût-elle haussée avec La Rouërie lui-même ? Sur le papier peut-être, qui supporte tout. Dans la réalité, non, et le caractère anecdotique, populaire et dispersé, de cette guerre d'embuscades et de surprises était commandé à la fois par la nature des lieux et par les habitudes individualistes de leurs habitants. La Rouërie n'y eût pas plus échappé que ses successeurs, et déjà sa fin, cette agonie de bête traquée, est comme la préfigure de la mort de loups qui attend, sous leurs fourrés, les autres chefs de la Chouannerie.

CHAPITRE III

L'INSURRECTION SPONTANÉE

PAYS âpre, secret, angustié, brousse ou forêt, avec quelques éclaircies çà et là, des prairies, de maigres champs d'orge et de sarrasin, des linières en friche par suite de l'arrêt du commerce des toiles, une terre comme écorchée que les vents de mer raclent jusqu'à l'os, qui monte, s'affaisse, remonte, retombe et, sous un ciel sans sourire, semble prolonger sur le continent le mouvement onduleux des vagues, une Libye granitique et brumeuse, gardée par de frustes mégalithes, de grandes pierres muettes, dont les alignements autour de Carnac et jusqu'au nom de cette localité évoquent les avenues hypostyles et les monstrueuses divinités de la Haute-Égypte, un désert et une énigme historique, ainsi se présente aux yeux des contemporains la Bretagne de 1793, la Bretagne des grèves, des bois et des landes, dont Lequinio dira si bien, à la Convention, qu'elle est à 2.000 lieues de Paris et qui en est peut-être plus loin encore dans le temps. Les sinistres Côtes- du-Nord, écrira La Vallée en 1794. Mais le Finistère, surtout le Morbihan, ne donnent pas au voyageur une impression plus réconfortante : Ce sont encore des landes, des coteaux, couronnés de bois épais et sombres, des champs coupés par des espèces de remparts hérissés de ronces et de buissons... et partout, le long des routes, aux carrefours, la procession funèbre des croix, des calvaires, monuments de la superstition et du fanatisme qu'on s'étonne de trouver debout en ce siècle de lumières. Cambry, à la même date, pourra bien protester que c'est là seulement l'apparence, qu'il est des coins fertiles, de délicieux asiles champêtres, au milieu de ces landes immenses, derrière ces fouillis d'arbres et de buissons. Le froid pays, entouré par la mer, dira Hoche en 1795. Onze ans après, Alphonse Beauchamp, pour ne pas citer Chateaubriand, suspect de romantisme, parlera encore (1806) de l'aspect dur et sombre de la Bretagne, de son ciel humide. Exception n'est faite chez ces auteurs que pour la région de Vitré, de Fougères et de Rennes, la Haute-Bretagne, moins déshéritée et qui conserve quelques vestiges de cette richesse agricole que l'industrie française (?) a semée sur toute la surface de la République. Mais là aussi, dans la profusion et la densité des forêts, dans ces talus abrupts cernant les petites divisions territoriales et tout barbelés d'ajoncs, d'épines, de chênes tors, dans ce perpétuel ruissellement d'eaux vives, de sources, de cascatelles, dans ces chemins encaissés si propres à la reptation du féroce *Marche-à-Terre* et de ses compagnons, la Bretagne a commencé de mettre son cachet particulier, son signe. Et ne le retrouverait-on point, ce signe, jusque dans le Cotentin, lande et granit, plus celte que normand, conviendra Barbey d'Aurevilly ; dans le Bas-Maine lui-même, au climat encore maritime, à l'aspect semi-forestier, où, comme en Bretagne, les champs sont entourés de haies et généralement plantés d'arbres (René Musset), où, comme en Bretagne, la seule industrie connue est celle du tissage à main ? Sous Nominoë d'ailleurs, ces régions étaient bretonnes, agrégées du moins au domaine du grand tyern. Comme tous les *borders*, les pays de marche, elles participent d'une double nature, dont la fusion n'est point si parfaite qu'elle ne cède aux circonstances, aux effets de certains chocs. Supposez une Bretagne victorieuse et redevenue indépendante : c'est vers cette Bretagne restaurée que leurs affinités de race, de mœurs, de croyances, les eussent portées plutôt que vers la France jacobine. Aussi bien ne saurait-on trop insister, pour comprendre la Chouannerie, sur le caractère à part et, si l'on peut dire, émancipé, individualiste, du massif armoricain. Rien en lui de français. Nulle attache notamment avec le bassin parisien dont l'isole une bordure de terrains jurassiques et crétacés, mais, au contraire, une tendance prononcée à l'évasion vers le nord-ouest, vers cette Cornouaille anglaise à laquelle le relie une zone secrète de granit sous-marin. Quiberon naîtra de là, nœud du drame et qui en rassemble un moment, sous le pavillon britannique uni aux fleurs de lys, les éléments sans cohésion, mais pour les rendre presque tout de suite à leur dispersion, à leurs rampements, à leurs guérillas de chemins creux, seule guerre possible dans ce pays compartimenté au moral comme au physique et impropre à toute action militaire de grande envergure.

Il s'en faudra même que toute la campagne soit acquise au mouvement : en plus des villes, des gros bourgs, sur qui la République peut compter et dont les velléités girondines ne résisteront point à l'épreuve des événements, nombre de petits bourgs, de localités moyennes, par peur, par intérêt ou sous l'influence d'un directoire de district conciliant, d'un magistrat municipal avisé, d'un sermentaire qui aura fini par s'imposer au respect de la population, demeureront fidèles à la Révolution, passives tout au moins. Nulle part, sauf dans le Morbihan, un chef de bandes ne sera complètement le maître d'un canton : la carte de la Chouannerie, si on la dressait, ressemblerait à un manteau d'Arlequin.

Ainsi s'explique qu'on ne puisse la parcourir d'affilée : il faut se porter d'une pièce à l'autre en sautant par-dessus la pièce intermédiaire rarement de même nuance.

La Rouërie est mort, mais la plupart de ses lieutenants ont échappé et leur tête peut être mise à prix, ils ne l'en défendront désormais que plus énergiquement. Ils ont des intelligences, des complices tout prêts, autour de leurs manoirs sylvestres, chez les paysans parmi lesquels ils vivent, dont ils portent le costume et qu'ils ont commencé d'endoctriner. Souvent un insermenté est leur hôte. Jadis en désaccord, la persécution les a rapprochés : la vie du prêtre réfractaire n'est pas moins exposée que celle du ci-devant : pour l'un, c'est la prison, pour l'autre la déportation ; quelquefois, déjà, pour les deux, la guillotine. Comme la mort, la Révolution va vite.

Cependant, cahin-caha, le pays la suit. Même en mars 1793, quand la Convention aux abois, attaquée, pressée sur toutes nos frontières, décrète la grande levée de 300.000 hommes, puis, le 16 août, le levée en masse, la révolte n'est pas aussi unanime qu'on l'a dit : la Cornouaille finistérienne qui, en juillet de l'année précédente, avait montré à Fouesnant quelque velléité de résistance, ne bouge pas — et c'est sans doute que le clergé assermenté y balance ou presque le clergé réfractaire — ; ni la partie bretonnante des Côtes-du-Nord, Guingamp, Lannion, et ce qui a été annexé au Finistère du territoire de l'ancien diocèse de Tréguier, lequel s'étendait jusqu'à la rive droite incluse de la rivière de Morlaix — et cependant on est là sur les domaines, dans l'obédience de l'incendiaire prélat Le Mintier — ; ni le district de Châteaubriant en Loire-Inférieure, qui ne prendra feu que plus tard, alors que l'ardeur des autres, soufflée par Pallierne, Caradeuc et le chevalier de Magnan, se sera refroidie ; ni les districts de Dol, d'Antrain, de Pleine-Fougères en Ille-et-Vilaine, bien qu'un peu vacillants ; ni les districts gallots du Morbihan lui-même où la race, le type physique et moral, long, sec, positif, est très différent du type vannetais, court, ramassé, taciturne, ennemi des nouveautés. Dans le Léon et jusqu'aux portes de Brest, grande colère assurément, bouillonnement de presque toute la masse paysanne : Canclaux doit marcher avec du canon sur Saint-Pol, forcer le passage au pont de Kerguiduff coupé par les émeutiers, se battre encore au pont de Plougoulm. Lutte sévère, qui semblait en annoncer de plus rudes. C'est ici le pays noir, la terre des prêtres, une sorte de Paraguay breton ; les insermentés y sont quasiment inconnus : 27 constitutionnels contre 282 réfractaires. S'il y avait un district où la Chouannerie dût se trouver chez elle, dans un terroir de choix, s'enraciner et s'épanouir, c'est celui-ci. Et, le lendemain même de l'insurrection, tout y rentre dans l'ordre : les communes soulevées délèguent à Canclaux qui s'apprêtait à les occuper militairement, font leur soumission, s'engagent par traité à ne plus reprendre les armes. Et le plus extraordinaire est qu'elles tiendront parole, paieront l'amende, rongeront leur frein.

A la Cornouaille loyaliste s'ajoutera ainsi un Léon pacifié qui, avec elle et le territoire tout entier du Trégor, formera dans la Basse-Bretagne un bloc d'un seul tenant où la Chouannerie ne mordra plus. Tour à tour Canclaux, Hoche, dont le quartier général se transportera maintes fois à Lesneven, capitale du pays noir, Brune, Hédouville, Bernadotte, mettront à profit ces dispositions excellentes et véritablement inespérées de trois sur quatre des anciens diocèses bas-bretons. Preuve que la langue parlée dans ces diocèses n'influe en rien sur leur conduite politique, qu'elle n'est pas une langue réactionnaire, comme on le prétendra au temps du combisme. Hoche en particulier le sait bien, qui utilisera cette langue pour ses proclamations et qui fera du Finistère une des pinces de la tenaille où il espère prendre la Chouannerie. Un seul des anciens diocèses bretons donnera — et à force, il est vrai — dans l'insurrection : le diocèse de Vannes, compris presque tout entier dans le Morbihan. Tous les autres départements ou parties de départements insurgés : Ille-et-Vilaine, Loire-Inférieure, Côtes-du-Nord, sont, comme la Manche, la Mayenne, l'Eure-et- Loir, des départements de langue française. Nul besoin de truchement pour s'y faire entendre. Des juges de paix demandent à des prévenus la raison de leur soulèvement :

— Puisqu'il n'y a plus de roi, ni de prêtres, répondent-ils assez logiquement, nous voulons *crocher* [nous expliquer ?] avec la Nation. Nous voulons savoir de quel droit elle prétend nous recruter. Ou elle laissera nos enfants tranquilles, ou nous nous lèverons tous.

Tous ? Non. Et pas longtemps. Presque partout l'insurrection, sans cohésion, sans plan, sans chef, s'affaisse, ainsi qu'à Saint-Pol, son premier effort jeté. Comme en noyant, fusillant ou brûlant les chartriers des châteaux, elle pensait ruiner le régime féodal, elle croit naïvement supprimer le recrutement en détruisant ses registres. Elle ne cherche pas plus loin dans la grande majorité des cas. Elle est la digne fille de ces Bonnets-Rouges de Mme de Sévigné qui, voyant chez leur curé une grande horloge qu'ils ne connaissaient point, la prirent pour la Gabelle et l'allaient traiter en conséquence si le curé n'avait eu le bon esprit de leur dire que c'était le Jubilé. Un moment menacés, emportés même de plein saut assez souvent, Machecoul, Saint-Pliilbert, Clisson, Ancenis, Blain, Savenay, Guérande, Le Croisic dans la Loire-Inférieure, Pacé, Plélan, Redon, La Guerche, Vitré, Dol, Landéan, Fleurigné, Rennes dans l'Ille-et- Vilaine, Lamballe, Dinan dans les Côtes-du-Nord, La Roche-Bernard, Rochefort, Pluméliau, Pontivy, Auray, Vannes dans le Morbihan, d'autres villes encore ou gros bourgs, désignés pour le tirage au sort, voient presque aussitôt refluer la marée paysanne qui a failli les submerger et qui laisse quelquefois entre leurs mains, comme à Vannes, jusqu'à 150 prisonniers. Avec 180 fusils de gardes nationaux, une brigade de gendarmerie, 39 hommes du 109e de ligne et quelques fédérés de Guéméné-sur-Scorf, Pontivy tient tête toute une journée à une cohue de plusieurs milliers d'insurgés ; Fougères, assiégée par une troupe aussi forte et sommée de se rendre, parlemente, tergiverse, est sur le point de céder et finalement riposte par un feu nourri et quelques volées de canon qui changent en déroute la révolte de la Saint-Joseph, nom donné à cet incohérent prologue de la longue tragédie dont Aimé de Boisguy sera le principal protagoniste. Il avait dix-sept ans ; il sortait de chez lui, une badine à la main, avec son garde-chasse Decroix ; une bande de jeunes réfractaires le rencontre, l'acclame :

— Ah ! voilà notre petit seigneur. Il sera notre général.

Et ils l'entraînent. Il n'y gagna, comme son frère aîné Louis, qu'une condamnation à mort par contumace.

Les bourgeois de Vannes, de Pontivy, de Fougères ont eu chaud. Plus de bruit que de mal au demeurant. D'incidents vraiment graves, on n'en signale qu'à la Roche-Bernard, à Rochefort-en- Terre et aux abords de Lamballe. Encore le premier de ces incidents semble-t-il le fruit d'une méprise. Les bandes armées de fusils, de pistolets, de sabres, de faulx, de brocs, de bâtons, qui s'étaient jetées sur la ville ne nourrissaient aucun dessein sanguinaire, sauf contre les registres du recrutement. N'éprouvant aucune résistance de la part du maire et des officiers municipaux, elles allaient vraisemblablement s'en retourner comme elles étaient venues, leur haine de la paperasse officielle satisfaite.

Mais, ô malheur déplorable ! dit le rapport des magistrats, dans le temps même que les deux partis s'embrassaient en signe de paix, un coup de fusil, parti en l'air, sert de prétexte ou de signal aux révoltés pour commencer le carnage...

Parti en l'air. Est-ce bien sûr ? Un homme tomba du côté des insurgés. En cherchant à pallier la gravité du fait, les magistrats se dénoncent : le coup est parti de leurs rangs. Et alors ce fut le massacre, la boucherie : 115 tués sur les 120 hommes de troupes régulières du sous-lieutenant Monistrol, le futur maréchal de camp, qui défendaient la ville avec les gardes nationaux. Leur résistance désespérée ne peut empêcher la paysantaille de pénétrer jusqu'au siège du directoire, où se sont réfugiés Joseph Sauveur, président, et Le Floc'h, procureur syndic du district. Quelqu'un, Plessis de Grénédan ou un autre, dans l'espoir peut-être que la nuit refroidirait ces colères, inclinerait le vainqueur à la pitié, dut suggérer de ne pas les massacrer tout de suite, de les réserver pour le lendemain. Mais la nuit ne fut qu'une longue soûlerie. Et, le lendemain, les têtes étaient aussi chaudes que la veille. Il n'y eut ni interrogatoire ni jugement : Le Floc'h est haché sur le seuil de la prison ; Sauveur, qu'on accuse d'avoir tiré le coup de fusil qui déchaîna l'émeute, devra à son nom de connaître une mort plus lente, plus raffinée, le dérisoire et sanglant supplice d'un nouveau calvaire par les rues entre une double haie d'assommeurs. Rendu sur la lande qui sera son Golgotha, on l'agenouille de force, on le somme de crier : Vive le roi ! Vivent les réfractaires ! Il crie : Vive la Nation ! On lui avait déjà tiré d'un pistolet à blanc dans la bouche ; on l'avait lardé de coups de sabre ; on avait rogné ses mains, ses pieds : on lui crève l'œil gauche d'une balle et finalement on l'égorge. C'est comme une scène de la Conciergerie retournée : les massacres de Septembre ont leur pendant — en petit — dans les tueries de La Roche-Bernard.

Car la caractéristique de cette émeute, représentative de beaucoup d'autres du même temps, c'est qu'elle ne porte aucune signature. Il est possible qu'en Vendée la découverte des papiers de La Rouërie ait plus fait que la mort de Louis XVI et la levée de 300.000 hommes pour susciter les Perdriau et les Souchu (Léon Dubreuil). Ici non. Pas une tête, pas un chef discernable dans cette tourbe avinée que mène son seul instinct. Une responsabilité diffuse et presque insaisissable, bien qu'un des assassins de Sauveur, reconnu plus tard, ait eu le cou scié par représailles sur l'affût d'un canon. C'est l'insurrection spontanée, comme il y aura eu, selon Taine, l'anarchie spontanée.

A Rochefort-en-Terre seulement et à la lande du Gras, en Meslin, on a des noms, une organisation apparaît, un plan se dessine.

Silz, dans le Bas-Morbihan, avant de se mettre en campagne, a procédé à une levée régulière ; il a fixé le chiffre des contingents pour chaque paroisse ; il a distribué ses hommes sous des chefs qui s'appellent Chevalier, Ta Rivière, La Roche-Guérin, Mont-Méjan, dit Dupuis. Lui-même, inaugurant la tactique des noms de guerre, se fait appeler *le général Rochefort*. Enfin il a donné à ses troupes un drapeau, celui de l'ancienne monarchie, une devise : Dieu et le Roi. Mais tout cela, qui fait souvenir de La Rouërie, c'est l'apparence, et l'individualisme foncier de ces bandes, le caractère anarchique et populaire du soulèvement vont éclater dès le premier jour (16 mars), quand, après qu'il a emporté Rochefort-en-Terre, refoulé la minuscule garnison dans le château et garanti la vie sauve à ceux qui se rendront, d'autres bandes surgissent, alléchées par l'odeur de la curée, qui se jettent sur l'administrateur Bougerai, le chirurgien Dénoual, le citoyen Duquéro, et les égorgent en dépit de Silz. La Convention, travaillée elle aussi du prurit onomastique, avait fait de La Roche-Bernard la Roche-Sauveur : elle fera de Rochefort-en-Terre, quand le général Petit-Bois l'aura dégagé, la Roche-des-Trois.

La lande du Gras, dans le district de Lamballe, n'est qu'une bruyère un peu plus vaste que les autres, sur un plateau abrupt et dominant ; mais le 23 mars, au matin, c'était le carrefour d'une quinzaine de paroisses que le tocsin y avait appelées de tous les points de l'horizon pour marcher ensemble sur Pommeret et y mettre en pièces le rôle de la conscription. A leur tête un petit gentilhomme campagnard de Bréhan-Moncontour, ancien officier de Royal-Marine, remarqué par La Rouërie qui lui avait confié l'un des commandements des Côtes-du-Nord, Amateur-Jérôme-Sylvestre Le Bras de Forges de Boishardy, trente ans, de taille moyenne, mais extrêmement vigoureux, leste, adroit, au dire de d'Andigné, joli garçon en outre, bon musicien, aimé des belles qu'il enchaîne à sa flûte, le poil châtain, l'œil bleu, ironique à la fois et rêveur, une vraie' nature de Celte, ardente et sentimentale, brusque et généreuse, prompte à l'enthousiasme comme au désenchantement. Un fusil de chasse à deux coups sous l'aisselle, il est sauté à l'aube de son pigeonnier familial sur la place, puis sur le mur du cimetière de Bréhant, pour haranguer les conscrits de la paroisse, vilipender le minotaure révolutionnaire, l'abominable régime qui, après avoir tué le roi, proscrit Dieu, ruiné l'État, décime la jeunesse bretonne et l'envoie mourir aux frontières... Est-ce donc là ce qu'on avait promis ? Hurlements, acclamations, qui reprennent sur la lande du Gras quand Boishardy recommence sa harangue devant les conscrits des autres paroisses accompagnés de leurs maires, cocarde tricolore au chapeau — preuve de leur civisme antérieur —. En un clin d'œil les couleurs nationales sont arrachées, piétinées, remplacées par des cocardes blanches en papier. Frère Morin, ci-devant capucin, étend un large geste de bénédiction sur la troupe, 4.000 hommes, selon les rapports, armés de fusils, de faulx, de fourches, de massues ou marottes, qui font les cent coups dans Pommeret et, mis en appétit par ce premier succès, vont attendre la malle-poste aux Ponts-Garnier, sur la grande route de Lamballe à Saint-Brieuc. La garde nationale, accourue au bruit et chargée par Boishardy, donna pour excuse de sa fuite précipitée le manque de munitions. Que vont faire cependant ces 4.000 insurgés — qui ne sont peut-être que 700 ou 800 —, ce noyau d'armée royaliste si promptement formée autour d'un chef tout de suite populaire, jeune, éloquent, brave, familier, vêtu d'une veste de cultivateur et que rien extérieurement ne distingue de ses hommes ? Ils s'égaient dès le lendemain, se font prendre chez eux ou hacher sur la route par paquets. Les commissions militaires en condamnent neuf à mort, dix-huit à la déportation, après quoi tout s'apaise et le recrutement suit son cours. Boishardy, pour défendre sa peau — il a été, lui aussi, condamné à mort, mais par contumace —, doit se contenter d'une petite troupe de partisans choisis, quelques réfractaires qu'il exerce au maniement des armes, des boisseliers de la Hunaudaye, qui ont le coup d'œil sûr des braconniers. Quatre de ces braves et lui-même suffiront contre l'administrateur du département, Hello, le grand-père du mystique auteur de la *Physionomie des Saints*, qui a mobilisé pour sa capture 25 canonniers de Guingamp avec leur pièce et des volontaires de Lamballe, Hénon, Pleslan, Quintin : Boishardy désarme leurs postes, file à leur barbe. Ses hommes l'appellent le Sorcier. Mais sa sorcellerie ne va pas — pour le moment — jusqu'à faire recommencer aux paroisses insurgées le grand rassemblement du 23 mars ni à changer en armée régulière quelques douzaines d'outlaws du Méné.

A-t-il même tant changé leurs opinions, et cette cocarde blanche, qu'ils ont substituée, sur la lande du Gras, à la cocarde républicaine, est-elle demeurée bien longtemps piquée à leurs bonnets ?

On peut se le demander quand on voit le frémissement d'inquiétude qui court les masses paysannes en Bretagne — et non pas seulement la bourgeoisie des villes — à la nouvelle que la Vendée, après avoir battu tout un mois les murs de Nantes, défendue par Canclaux et l'héroïque maire Baco — que le rasoir national en récompensera —, venait de forcer la Loire un peu en amont et de déborder sur le Maine et la Basse-Normandie. Entre la Vendée et la Bretagne, jusqu'alors, aucune sympathie, aucun point de contact : la Vendée, c'est pour la Bretagne, même insurgée, la contre- Révolution sans phrase, la restauration pure et simple de la monarchie, le retour à la corvée, aux rentes féodales, au domaine congéable, aux procureurs fiscaux, aux droits sur le vin, le tabac, le sel, à tout ce qu'elle abhorre. Et la Bretagne ne s'est pas insurgée pour le rétablissement de ces abus, qu'elle incarne dans la monarchie. La preuve en est qu'au mois de février 1793, deux ans avant Quiberon, quand le bruit circula, savamment entretenu par des proclamations dans les deux langues, que 15.000 émigrés, appuyés par la flotte anglaise, s'apprêtaient à prendre terre sur un point de la côte bretonne, ces spectres du passé y refirent immédiatement l'unanimité contre eux. Depuis, sans doute, il y avait eu la levée de 300.000 hommes. Des âmes s'étaient aigries ; dans la balance des avantages et des inconvénients, l'obligation du service militaire, mal compensée par la privation du service religieux, avait commencé de faire remonter un peu le plateau monarchique. La haine, non du Roi peut-être, mais de ses bureaux archaïques, le souvenir du lourd et oppressant système féodal, anti-égalitaire, tatillon, monopoleur, restaient encore si puissants sur les esprits qu'ils abolirent, à l'annonce du péril vendéen, toute conscience de l'identité profonde des deux causes et ne laissèrent plus voir aux intéressés que la menace et les dangers d'une restauration. Il en fut de même pour les villes bretonnes qui oublièrent de ce coup leur passion girondine. Et cependant la Gironde eût pu fédérer contre la Montagne — mais non contre la République (le marquis du Dresnay et son délégué Contrideux se tromperont sur ce point) — les aspirations urbaines et paysannes : si les campagnes avaient durement payé pour leur foi. Rennes, Brest, Quimper, Lorient, Vannes, ne paieront pas d'une rançon moins sanglante leurs sympathies trop affichées pour les proscrits du 2 juin retranchés en Normandie, leur participation armée à la piteuse offensive des carabots normands de Wimpfen et de Puisaye. Le péril vendéen efface tout. Ne nous laissons pas piper aux chiffres, encore moins au pittoresque des anecdotes. Une de celles-ci représente Jean Chouan — de son vrai nom Jean Cottereau — chapeletant sous le couvert avec ses gars, un soir d'octobre 1793, quand un bruit sourd de tonnerre ou de marée montante arrive jusqu'à lui. Il applique son oreille contre terre et se relève en criant, fou de joie :

— Le canon de la Vendée ! L'armée royale qui vient à nous. En route pour Laval, mes gars !

Et se reprenant :

— Achevons d'abord notre chapelet.

Mais nous sommes là hors de Bretagne, bien que sur ses lisières, et la situation des insurgés mainiaux, anciens faux-sauniers, colporteurs réduits à l'indigence depuis la suppression des douanes intérieures et constitués en hors la loi presque dès le début de la Révolution, n'a que de très vagues rapports avec celle des domaniers et métayers bretons. Puis l'armée vendéenne était à deux pas : comment résister à son magnétisme ? Et du Maine à la Vendée d'ailleurs la transition est si facile, les nuances si faibles ! Le nom même de Petite-Vendée, étendu à toute la coopération chouanne, mais donné d'abord aux troupes de la Mayenne, montre l'affinité des deux peuples, la ressemblance des deux insurrections. Rien dans la Vendée ne choquait le Maine.

De Bretagne aussi des hommes se mirent en route, vers l'armée vendéenne : des isolés pour la plupart, des émigrés débarqués de la veille ou qui croyaient l'heure propice, comme Puisaye et La Haye-Saint-Hilaire, pour quitter leurs terriers. Le plus gros du contingent venait de Haute-Bretagne, de Vitré, avec Louis Hubert, l'ancien maréchal ferrant de Saint M'Hervé devenu chef de bande, des taillis du Pertre surtout, près de Fougères, où le jeune Picquet du Boisguy commençait à prendre une autorité qui s'affirmera, chemin faisant, par l'enlèvement nocturne — sans effusion de sang — du poste fortifié de la Gravelle avec le général Lespinasse qui y dormait à poings fermés. Au total combien de recrues ? Puisaye en annonçait 50.000, suivant Mme de La Rochejacquelein : un peu plus de 6000 se présentèrent, suivant Mme de Lescure. Acceptons le chiffre. Que représente-t-il près de l'afflux du reste des campagnes bretonnes dans les rangs républicains où venait de les appeler le Conseil général du département le plus menacé ?

Citoyens, les brigands de la Vendée sont à nos portes, Dol est en leur pouvoir. Ils marchent sur Dinan et nous n'avons point de forces disponibles à leur opposer. Il faut que les républicains se lèvent en masse et qu'ils courent les exterminer. Point d'exception d'âge.... Que tous les hommes vigoureux marchent armés de piques, faux, fourches et de tous les autres instruments capables de les assommer. Prévenez ceux qui marcheront d'apporter avec eux pour huit jours de vivres et des farines, s'il est possible ; que des charrettes soient requises, etc.

Elles s'offrirent d'elles-mêmes. Cette fois, dit un historien peu suspect, l'abbé Pommeret, les campagnes ne refusèrent pas de contribuer à la défense nationale, car elles redoutaient, presque autant que les villes, les bandes indisciplinées dont on leur signalait la dangereuse proximité.... Et peut-être redoutaient-elles plus encore le rétablissement du régime détesté dont la victoire de ces bandes eût été la conséquence : ces mêmes rustiques à tête dure qui s'insurgeaient la veille encore contre la levée en masse, on les vit qui, suspendant leurs labours d'automne, prenaient en foule les routes défoncées et boueuses du haut pays, armés quelques-uns de fusils de chasse, la plupart de piques, de faux renversées, de pioches ou simplement de bâtons, et suivis de longues files de charrettes... et de troupeaux de bœufs destinés à leur approvisionnement ; ces taciturnes criaient sur leur passage : Vive la Nation ! Vive la République ! et mettaient à brailler les airs patriotiques à la mode le même entrain que les sans-culottes. Il en accourut tant, surtout du Finistère et des Côtes-du-Nord et jusque d'îlots perdus de l'Atlantique, qu'il fallut en renvoyer les quatre cinquièmes, n'en conserver que quelques milliers qui furent utilisés autour de Dinan à barricader les routes, à raccommoder les remparts.

Carrier lui-même, alors à ses débuts en Bretagne, dans l'Ille-et-Vilaine, en fut émerveillé.

CHAPITRE IV

LA TERREUR ROUGE

LE péril passé, l'entente cessera. Mais au 1er janvier 1794, huit jours après la clôture de l'effroyable hallali d'hommes, de femmes, d'enfants qu'avait été, du Mans à Savenay, la poursuite de l'armée brigandine, cette entente dure encore ; l'apaisement s'est fait un peu partout en Haute et Basse-Bretagne, sauf sous quelques fourrés, dans les trous de carrière, que hantent les contumaces, les prêtres insermentés et les derniers réfractaires auxquels vont se joindre les débris de la petite et de la grande Vendée. Moins d'une année pourtant nous sépare du mouvement protestataire de mars 93, si promptement et si durement réprimé. Cadoudal lui-même, après l'échauffourée d'Auray où il ne joua qu'un rôle insignifiant, n'avait pas cru devoir se soustraire plus longtemps à la réquisition. Que ne l'avait-on expédié aux frontières ! La sottise fut de le diriger sur la Vendée et dans le moment où les hostilités prenaient un caractère particulièrement atroce. Entre Bonchamps et Rossignol, le héros magnanime et l'ancien septembriseur, comment hésiter ? Cadoudal déserte, passe aux brigands et fait si bien, au cours de la marche sur Granville, qu'il force l'admiration du difficile Stofflet :

— Si un boulet n'enlève pas cette grosse tête, je vous jure qu'elle ira loin, disait Stofflet.

Elle roulera en effet jusqu'à la place de Grève : d'ici là, avec les autres rescapés mainiaux et bretons du désastre vendéen, Cadoudal reprend la route de son village et, six mois durant, ne cherche qu'à s'y faire oublier, ne demande peut-être lui- même, au début, qu'à oublier....

Car il n'eût dépendu que de la Convention, et pour la Bretagne tout au moins, de changer en paix définitive cette trêve patriotique de quelques semaines. Mais la Convention, les clubs, la populace des faubourgs ne se connaissaient plus : après la Vendée et la Bretagne, Lyon, Marseille insurgés, Toulon livré à l'amiral anglais Hood, Landau bloqué par les Autrichiens, Dunkerque par York, Cambrai par Cobourg, la concordance et la gravité du péril intérieur et du péril extérieur, la misère, la faim avaient fait descendre une brume de sang sur les esprits. Juste le jour où la Gironde succomba — sans avoir combattu — à Vernon (13 juillet 1793), Marat expirait dans sa baignoire sous le poignard, non émoussé celui-là, d'une adepte normande de cette même Gironde, Charlotte Corday, descendante du grand Corneille. Morte la bête, mort le venin, pensait Charlotte. Erreur. Les restes de Marat, pleuré comme un dieu, sont transportés au Panthéon ; Marat est plus puissant, plus agissant, mort que vivant ; le 5 septembre au soir, quand Barère monte à la tribune pour demander que la Terreur soit placée à l'ordre du jour, c'est proprement à l'installation officielle de la doctrine et du culte maratiste que nous assistons.

Pour desservir ce culte, entre Robespierre, qui se réserve, et Danton, qui s'efface, qui commence d'incliner vers la modération depuis son mariage religieux clandestin avec Louise Gély béni par un réfractaire breton, l'énigmatique abbé de Keravenan — le même dont Cadoudal demandera l'assistance à l'heure du supplice —, il y a, en haut, dans les clubs, Billaud-Varenne et Collot d'Herbois ; en bas, dans les départements, Fréron, Saint-Just, Barras, Le Bas, Fouché, vingt autres représentants en mission plus obscurs, mais aussi sanguinaires ; en Bretagne Jeanbon Saint-André, Prieur, Pochole, Lecarpentier, Carrier, qui les passa tous en froide férocité : ce n'est pas la hyène hystérique qu'on a dit, ou bien cette hyène voyait singulièrement clair dans sa haine contre le négociantisme et s'acheminait, par des voies obliques, mais sûres, vers une sorte de communisme atténué, le régime de l'égalité des fortunes dans l'universelle médiocrité.

Mais enfin la Terreur n'atteignit pas le même degré de frénésie sur tous les points du territoire breton. Dans les cyclones les plus violents, il y a des zones réservées : là où la guillotine chôme, le fusil de chasse et la fourche restent volontiers au râtelier. Bile ne chôma pas assez à Laval, Rennes, Fougères, Brest, Vannes, Auray, Lorient, Saint- Malo, etc., même dans de simples bourgades comme Ernée (38 exécutions), sans parler de Nantes, comblé véritablement par son proconsul qui, pour aller plus vite, lui adjoignit la baignoire nationale, les noyades collectives dans la Loire, par le moyen d'ingénieux bateaux à soupapes, mobilisa dans les prisons jusqu'au typhus et à la peste bubonique.

L'excuse d'un Carrier, s'il en pouvait invoquer une, est l'insuffisance de la loi des suspects, la grande loi terroriste, égale à la grandeur du péril, mais aux possibilités d'application intégrale de laquelle ses auteurs n'ont pas pourvu. Par le jeu ou l'extension arbitraire du jeu de cette loi qui, suivant l'expression d'Hugo, faisait la guillotine visible au-dessus de toutes les têtes, tout citoyen, et jusqu'aux femmes, aux enfants, avait en lui l'étoffe d'un suspect, autrement dit d'un condamné à mort : étaient suspects, non pas seulement les ci-devant nobles, les fonctionnaires destitués, tout partisan, convaincu ou supposé, de la royauté ou du fédéralisme, quiconque même ne justifiait pas de l'accomplissement de ses devoirs civiques, mais encore les proches, les domestiques, les familiers de ces malheureux, les riches, les gueux, les sots, les gens d'esprit, les infirmes et les trop bien portants, les maris ombrageux et les femmes sans complaisance, le citoyen Bodinier, pour avoir été l'ami du girondin Defermon, le citoyen André pour avoir déchiré, étant ivre, un assignat de 50 livres, le citoyen Chanu pour avoir dit à la sentinelle, sur les remparts de Saint-Malo, qu'il y avait là plus de canons que d'hommes, le citoyen Blanchard pour détention d'armes offensives, lesquelles consistaient en trois carquois remplis de flèches et trois grands arcs dorés à la chinoise, la citoyenne Hervé pour avoir donné du Messieurs aux membres du département, la citoyenne Saliou pour n'avoir manifesté aucune opinion sur les principaux événements de la Révolution, la citoyenne Benazé pour avoir lu une lettre qu'elle ne devait pas lire, la citoyenne Kergrist pour être aussi spirituelle que son mari est simple.... C'est la moitié, les deux tiers de la France à raccourcir, et le rasoir national, si bien affilé soit-il, n'en viendrait pas à bout. D'où la nécessité de lui trouver des substituts plus expéditifs.

— Il suffit, dit à Port-Malo (ex-Saint-Malo) Lecarpentier, que nous restions dans cette commune 3.000 bons sans-culottes.

Et elle compte 11.000 habitants ! Quel espoir d'autre part pour les prévenus ou susceptibles de prévention d'échapper aux mailles d'un filet aussi étroitement lacé, noué, serré ? L'intervention d'En-Haut, le recours à une Providence bénévole ? On venait de décréter l'athéisme. C'était bien la peine d'avoir mis le pays à feu et à sang pour l'adoption d'une Constitution civile du clergé répudiée par la Révolution elle-même ! Fini de la distinction entre les deux clergés, les assermentés et les insermentés, les juroux et les réfractaires : si les assermentés ne déposent pas leurs lettres de prêtrise et ne se marient pas dans la quinzaine ou le mois pour bien attester leur libération des liens du fanatisme, on leur appliquera le même traitement qu'aux insermentés. L'évêque Le Coz, qui s'honore le premier par sa résistance et que Lecarpentier fait enfermer au Mont-Saint-Michel, connaîtra dans cette Bastille marine des rigueurs épargnées par l'ancien régime à son légendaire prédécesseur La Balue ; les autres récalcitrants moisiront un peu partout dans les geôles des directoires. Seul des prélats constitutionnels bretons. Minée se soumettra, prendra femme et finira, dans quelque rue Mouffetard, épicier. Plus de dimanche, de fêtes chômées, de semaines, de calendrier romain : à leur place le calendrier révolutionnaire et ses mois aux noms idylliques, floréal, germinal, fructidor, messidor, etc., divisés en trois décades, le décadi substitué au dimanche, l'histoire du monde commençant à l'an I de la République une et indivisible. Plus de saints, dont le nom seul blesse également l'œil et l'oreille du républicain : à leur place, des fruits, des légumes, les ingrédients d'un de ces solides pot-au-feu disparus de la consommation publique, depuis que le monde est entré dans l'ère de la félicité universelle. Plus de Dieu : à sa place la Raison, sous la forme de quelque gourgandine dépoitraillée paradant sur les autels. Et qu'on n'essaie pas de biaiser comme à Solidor (ex-Saint-Servan) où, pour sauver l'image de la ci-devant Vierge, de bonnes âmes imaginent de la décorer aux couleurs nationales en la baptisant Liberté : Lecarpentier décrète que toutes les statues et niches seront employées à la fabrication du salpêtre. Déjà Rouyer-Guermeur entre à cheval dans les églises du Finistère ; bientôt on rasera ces monuments de la superstition, comme dit le citoyen La Vallée, ou on en fera des granges à foin, des ateliers à salpêtre. En attendant, on les saccage : à Tréguier (mai 1794), une chienlit ignoble, les 800 tape-dur du bataillon d'Étampes, après avoir brisé le tabernacle, les stalles merveilleuses, le tombeau de saint Yves, chef-d'œuvre de l'art ogival, parcourt les rues en habits sacerdotaux et conduit un enterrement simulé au milieu de chants obscènes ; à Montagne-sur-Odet (Quimper), le jour de la fête patronale du ci-devant saint Corentin (12 décembre 1793), l'infâme Dagorn, à la tête du bataillon de Loir-et-Cher, entre dans la basilique, brise l'autel à coups de hache, s'empare du calice et, à la face du peuple, le souille de ses propres ordures qu'il répand ensuite sur les degrés (Ch.-M. Laurent). La campagne la plus soumise frémit, serre les poings, au récit de ces sacrilèges dont elle est quelquefois — Broons, Trémorel, Runan, Saint-Isle, etc. — le témoin horrifié jusque dans ses propres sanctuaires. Gare après cela au patriote assez imprudent pour se risquer seul sur les routes entre chien et loup ! Gare à l'acquéreur de biens nationaux, surtout de biens cultuels ! Et ce ne sera pas impunément non plus que le dernier prieur de Bégard déposera ses lettres de prêtrise pour épouser une clarisse de Dinan ; quelque soir un canon de fusil s'introduira par l'ouverture du contrevent et le couchera aux pieds de sa légitime. Représailles isolées, qui se multiplient cependant, qui commencent d'inquiéter les administrateurs, mais dont la répression en somme est moins du ressort de la troupe que d'une gendarmerie un peu énergique. Ht la preuve en est que, si les campagnes frémissent, si même l'indignation, la colère y déterminent maints attentats individuels, dans l'ensemble elles ne bougent pas de toute la Terreur, soit qu'en effet elles fussent terrorisées, soit que le cuisant souvenir de la dure répression de mars 93 les eût induites à la prudence, soit plutôt qu'après la magnifique preuve de civisme qu'elles venaient de donner à la Nation en marchant contre les Vendéens, elles répugnassent à lui fausser compagnie pour faire le jeu de ce qui restait de ces mêmes Vendéens. Dans l'extrême Est seulement de la région insurgée — le bassin supérieur de la Vilaine, l'Anjou chouan, le Bas-Maine, le Bocage bas-normand —, pays d'origine de la Petite-Vendée et vers qui elle refluera naturellement quand la Grande Armée battra en retraite — d'où la rigueur particulière de la répression dans cette contrée —, on constate dès le milieu de février 1794 une fermentation assez vive, voire un retour, comme à Mellé, dans la nuit du 14 au 15, à la pratique des coups de main collectifs.

Mais c'est là, malgré l'apparence, de la défensive plus que de l'offensive : les intéressés se rendent bien compte que dans ces campagnes qui ne leur sont que partiellement acquises, où nombre de municipalités travaillent à les perdre, ils n'ont qu'un moyen de mater les haines, de museler la dénonciation, qui est de les devancer en leur courant sus.

Il s'y ajoute, dans le Maine, des raisons d'ordre historique et économique : nous sommes céans au berceau même de la Chouannerie, fille imprévue de la faux-saunerie qui s'exerçait à main armée de père en fils et donnait du pain à plus de vingt mille familles ; la Chouannerie sera un gagne-pain, comme la faux-saunerie. Ils appellent cela travailler, dit Beauchamp. Mot révélateur du métier qu'est pour eux la guerre, tout au moins le genre de guerre qui a pris d'eux son nom. Rohu l'entendit pour la première fois, ce nom, en Basse-Bretagne, sur la côte, au cours de l'hiver 1794-1795. De Chouans, dans le Maine lui-même, il n'y en avait d'abord qu'au bois de Misedon, paroisse d'Olivet, près de Laval, où c'était le sobriquet de deux des quatre frères Cottereau, peut-être d'un seul d'entre eux, le plus fameux, Jean Chouan, car on désignait plus communément René Cottereau, dit *le Chouan* sur l'état de 1814, par le sobriquet de *Faraud*. Et il se peut aussi que le mot Chouan vienne du nom donné au chat-huant dans les campagnes de cette partie de la France. Comme cet oiseau nocturne, dit d'Andigné, les premiers insurgés ne paraissaient que la nuit ; ils passaient le jour dans les bois et imitaient, dit-on, pour se reconnaître, le cri de ces animaux. Les faux-sauniers l'imitaient déjà et en avaient fait avant eux un signal d'alarme ou de ralliement. Mais, en Bretagne, c'est le cornet à bouquin ou *korn-boud*, la trompe d'appel à la soupe, qui sonnera les rassemblements.

L'origine du mot reste donc indécise. Comment se généralisa-t-il ? Est-ce son pittoresque qui le fit étendre de Jean Cottereau à ses compagnons de guerre, puis à tous les insurgés de la rive droite de la Loire ? Est-ce l'audace déployée, dans leurs coups de main, par les premiers Chouans ou la nouveauté de leur tactique de chasse ou son caractère intéressé, voisin de la piraterie ?

La nuit a leurs préférences, mais ils opèrent aussi le jour, quand la nécessité les presse. Un convoi, une diligence, est signalé venant de Laval ou de Mayenne. Soudain une chouette hulule sous le couvert. Quoi ! une chouette en plein midi ? D'autres que ces gardes nationaux fanfarons ou ces grenadiers en ribote dresseraient l'oreille. Nouveaux chuintements plus rapprochés et qui semblent se répondre. Le convoi poursuit son train de sourd : parvenu dans quelque bas de côte propice, au tournant d'un pont, au coin d'un bois, il est pris entre deux feux de salve tirés de derrière les talus et qui couchent à terre une partie de l'escorte.

Le reste se débande, abandonnant le convoi. On n'a rien vu, on n'a entendu qu'une chouette sous la feuillée et, presque aussitôt, le roulement de la fusillade.

C'est là, peut-on dire, schématisé, le coup de main type des Chouans, susceptible d'une infinité de variantes, mais où l'on retrouve toujours les mêmes éléments de mystère, de surprise et de pillerie. La Rouerie, on le sait, avait tout de suite distingué les Cottereau : François, qui fut un de ses agents de recrutement les plus actifs ; Jean, né à Saint-Berthevin (Mayenne) le 30 octobre 1757, rusée caboche de contrebandier, blond, membru, à grosses jambes, mais singulièrement agiles, rompu par sa lutte continuelle avec la matelote à toutes les formes de l'embuscade, arrêté pour meurtre sous la monarchie et relaxé faute de preuves. On peut ne pas porter la Gabelle dans son cœur et rester, comme Jean Chouan, un fervent catholique, même un fidèle sujet du roi. La Rouërie en jugea ainsi et le nomma sous-lieutenant ; la Révolution mit sa tête à prix ; l'armée vendéenne, en marche sur Granville, l'accueillit dans ses rangs, avec sa mère, qui périra écrasée dans la déroute, et les deux ou trois centaines de peaux de biques râpées qui composaient ses troupes. A la dislocation de l'armée, après la bataille du Mans, les quelques survivants de cette phalange barbare reviendront se terrer avec Jean et ses frères dans les bois d'Olivet d'où ils sortiront la nuit pour tendre des embuscades, piller les caisses publiques, fusiller les agents du directoire et les métayers douteux, couper les communications avec la ville par des tranchées et des abatis d'arbres, et c'est alors aussi que le nom de Chouans gagnera, remplacera peu à peu dans le public celui de brigands qu'on donnait indifféremment jusque-là aux insurgés des deux rives de la Loire. Le 23 février 1794, une lettre de la municipalité de Louvigné (Ille-et-Vilaine) signalait au Comité de surveillance l'apparition d'une horde de scélérats connus sous le nom de Chouans, ce qui semble l'indice que le mot était encore peu répandu, bien qu'employé par Beaufort dans un rapport du 6 janvier de la même année au président de la Convention.

— Citoyen, dira un peu plus tard, à la Mabilais, un représentant du peuple au chevalier de Sainte-Gemmes — le futur d'Andigné —, vous avez pris un nom bien ignoble.

— Nous l'anoblirons, répondit Sainte-Gemmes. Les chefs chouans des Côtes-du-Nord introduiront même les chats-huants dans les armoiries parlantes de leurs sceaux. Et d'autres survivants de la Petite-Vendée, d'autres petits chefs de bandes revinrent en même temps que les Cottereau, après Le Mans, Ancenis ou Savenay, retrouver leurs fourrés du Maine-et-Loire, du Bas-Maine, du Cotentin, du Fougérois, du Vitrelais : Moulins, ci-devant commis des fermes et ennemi de Jean Chouan, dans les bois de Concise ; Treton, dit *Jambe-d'Argent* et qui avait simplement une jambe plus longue que l'autre, dans les bois de Quelaines ; aux environs de Châteauneuf, l'aîné des Cottereau, Joseph, un ancien toilier, très brave, mais féroce, brûlé d'alcool, le boucher des Bleus, comme Westermann était le boucher des Vendéens — son frère Louis, qui le remplacera après sa mort, vaudra mieux et n'y aura pas de peine — ; dans la Chamie, près Sainte-Suzanne, Louis Courtillé, dit *Saint-Paul*, au parler doux, vingt ans, bâtard et commandant la sinistre bande de la Vache-Noire ; autour de Domfront et de Mortain, Moulin et La Roque-Cahan qui prépareront le terrain à Frotté ; Blouin-Duval dit *Croco*, la terreur de l'Avranchin ; Billard de Veaux, un Cyrano louche, Douéry d'Ollendon, un illuminé, dans le Bocage et le pays d'Auge ; sur la lisière vitréenne de la forêt du Pertre, le modeste et digne Hubert, déjà nommé, qui s'y était pratiqué une cache souterraine, véritable place d'armes où pouvaient tenir 80 personnes ; Aimé de Boisguy surtout, dans les parages de Fougères, d'où il a commencé par retirer sa mère et sa sœur pour les mettre en sûreté chez des amis bas-normands. Après quoi il reprend avec son frère sa vie précaire dans la brousse.

Si précaire, si exposée soit cette vie, il se trouve pourtant des nouveaux venus qu'elle tente, des émigrés pour la plupart, Tinténiac, Bouteville, Saint-Gilles, Baillorche, vingt, cent autres : las de leur faction stérile sur les falaises britanniques, ils préfèrent risquer l'aventure marine dans la frêle barque de Prigent, le fils d'un fruitier malouin qui s'est frotté dans les salles d'armes à la noblesse, et, la côte atteinte, se glisser sous le couvert jusqu'à Boisguy ou Puisaye, le comte Joseph, comme il se fait appeler, toujours tapi aux environs de Rennes où il attend son heure. Joignons-leur une douzaine d'anciens chefs de la grande armée vendéenne étrangers à la Vendée, tristes épaves du désastre rejetées vers leurs lieux respectifs d'origine, tels que d'Autichamp qui s'est enrôlé dans un régiment de hussards pour échapper au carnage, tandis que sa femme entrait comme fille de basse-cour au service d'un administrateur de district ; le vicomte de Scépeaux, petit, maigre, tout en nerfs, capable de sauter des douves de vingt pieds, atteint d'un biscaïen en couvrant la retraite sur Bavai et qui, avec ses deux lieutenants, le chevalier de Turpin et Bouis de Dieusie, assumera sous peu le commandement de tout le territoire insurgé entre le Maine et la Vilaine ; Bruneau de La Mérousière, le mystérieux M. Jacques de Barbey d'Aurevilly, dont l'auteur du *Chevalier des Touches* a quelque peu romancé la vie, mais dont il n'a point exagéré la bravoure sans fracas, l'élégance et le tour mélancolique ; l'orgueilleux prince de Talmont enfin, le commandant en chef de la cavalerie vendéenne, le grand responsable de la marche sur Granville dont ne voulaient ni Bonchamps, ni Lescure, ni La Rochejacquelein, et qui, surpris par Stofflet au moment où il cherchait à s'évader vers Jersey et condamné par lui à quinze jours de mise à pied, pendant lesquels il dut faire la retraite démonté, sans armes, comme un simple croquant, ne reviendra dans Laval que pour y être fusillé devant son château, le 27 janvier 1794, décapité et sa tête attachée au bout d'une pique sur la principale porte du ci-devant château. Il se trouvera même un certain nombre de capitaines vendéens qui, de gré ou de force, renonceront à rejoindre Charette ou Stofflet et courront la chance d'une nouvelle carrière dans les rangs de la Chouannerie naissante. Ainsi, dans les bandes de Puisaye, qu'ils dégrossiront au cours de sa randonnée hardie sur le Morbihan, le comte de Bellême, Auguste de Béjarry, Duperrat, du Chesnier, le chevalier de Caqueray, le chevalier de Chantreau, Jarry surtout et Forestier, qui commandait en second la cavalerie vendéenne ; ainsi encore, un peu plus tard, sur les bords de la Rance, Solilhac, un Gascon, auquel il confiera l'un de ses six grands commandements. Mais le plus célèbre d'entre eux, l'*alter ego*, le frère d'armes de Cadoudal, le Patrocle de cet Achille armoricain, Pierre Mercier, dit *La Vendée*, opérera presque toujours en Morbihan comme son chef, et le Morbihan, où Silz et sa misérable troupe se sont fait horriblement maltraiter en prairial par le général Avril, ne rentrera vraiment en combustion qu'après Thermidor.

Non que les âmes y soient plus patientes que dans l'Est ; mais le pays, Lanvaux, la grande lande ténébreuse, Carnac, gardé par ses sphinx, Vannes par ses îles, aussi nombreuses que les jours de l'année, se défend mieux géographiquement ; il eût été difficile, pour ne pas dire impossible à un Beaufort, appelé à Fougères le 19 décembre par Jeanbon-Saint-André, avec 9.000 hommes de troupes solides, du canon et de la cavalerie, et chargé de nettoyer sur vingt lieues de front la région entre Châteauneuf et Laval, d'y exécuter les battues qui pendant deux mois foulèrent en tous sens ces couverts. Les forêts du Pertre, de Fougères et de Haute-Sève, les bois de Beaufeu, de Fatines, d'Illivet, etc., furent fouillés buisson par buisson ; dans la forêt du Pertre on ouvrit, après avoir dégagé leurs abords, douze chemins de 200 pieds de large : c'est au cours d'une de ces battues que Talmont se fit prendre sur la commune de la Bazouges et que François Cottereau, le 1er février, fut tué sur les lisières du Maine — s'il n'y mourut pas d'épuisement —. Ses deux sœurs, appréhendées comme otages, l'aînée dix-sept ans, la cadette quinze, seront guillotinées à Laval le 25 avril et Pierre aura le même sort le 11 juin. — Il y a malheur sur les Cottereau, entendra-t-on dire à Jean Chouan. Pas un ne s'en sauvera et mon tour n'est pas loin.

Il vint le 9 Thermidor suivant : ce jour-là (27 juin 1794), qui fut celui où Robespierre fut décrété d'accusation et qui marqua la fin de la Terreur rouge, Jean Chouan bivouaquait à la closerie de la Babinière avec une quinzaine d'hommes. Ses vedettes s'étaient-elles endormies ? Quelqu'un l'avait-il vendu ? Voilà les patauds ! lui crie sa belle-sœur, femme de René, le seul des Cottereau qui mourra dans son lit, sous la Restauration. Il pouvait fuir, mais une grossesse avancée retardait sa belle-sœur au passage d'une haie : pour l'aider, Jean Chouan revint sur ses pas et, touché mortellement, fut entraîné par ses hommes sous le fourré. Il y mourut le lendemain : son fantôme continua la guerre.

Puisaye, vendu aussi, mais plus chanceux, un matin de l'hiver précédent où Beaufort lui courait sus — 28 décembre[1] — avait pu s'échapper en chemise ; mais deux gentilshommes de son état-major, Le Haichois et La Massue, étaient tués ; Focard, son médecin et le dépositaire de ses secrets, blessé grièvement. Le 6 janvier 1794, Beaufort écrivait au président de la Convention : Nous faisons des prises tous les jours, nous détruisons la horde infernale des Chouans. J'espère, citoyen président, t'annoncer [bientôt] leur destruction entière. Au 13 du même mois, c'était fait, et l'inepte Rossignol mandait à son digne collègue Turreau qu'il n'y avait plus de Chouans : Beaufort les a tous détruits... Cinq cents prisonniers, le reste est tué. La Convention en fut si bien persuadée qu'elle ôta, le mois suivant, près de la moitié de ses troupes à Beaufort afin d'en grossir l'armée des Côtes de la Manche qu'on formait pour une descente en Angleterre, et que la plupart des cantonnements qui couvraient la légion furent levés ou réduits. Les communes patriotes, Mellé, Saint-Brice-en-Coglais, Saint-Georges-de-Reintembault, etc., si longtemps tremblantes, recognées derrière leurs fortifications improvisées, en sortaient tumultueusement pour fondre sur les communes royalistes, y massacrer, avec la belle assurance que donne la certitude de l'impunité, les derniers prêtres réfractaires et les habitants soupçonnés de leur avoir procuré asile.

Ou reprendre le fusil ou périr égorgé : Boisguy, plus particulièrement visé par la quête ardente de Beaufort et des patriotes de la région fougéraise, n'avait pas d'autre choix. Dans la nuit du 14 au 15 février, il rassemblait deux cents de ses Chouans, cernait silencieusement Mellé et, à six heures du matin, commandait l'assaut : vingt soldats de la garnison, un officier et quelques patriotes y passèrent. Même histoire à Saint-Brice enveloppé dans la nuit du 16 au 17, assailli au petit jour et emporté de plein saut, quoique la garnison y fût sur le qui-vive : un tambour, le premier qui ait battu à la tête de leurs colonnes (du Breil de Pontbriand) et quatre cents paquets de cartouches restèrent aux mains

---

1 Et non 28 novembre, comme disent tous les historiens, reproduisant l'erreur de Beauchamp.

des hommes de Boisguy qui allèrent en faire l'essai le jour même, aux buttes de la Houlette, contre la garde nationale de Fougères alertée par les fuyards : la garde n'y mourut pas toute, parce qu'elle avait des jambes, mais cinquante des siens demeurèrent sur la route. Landéan, le 26, quand cette même garde eut été renflouée par des troupes de Rennes, lui fut une faible revanche et, des soixante insurgés qu'elle réussit à cerner, une charge massive de ceux-ci en délivra cinquante. Beaufort, revenu de ses illusions, se remit de plus belle à tailler dans les forêts, les gênetaies. Mais il n'était plus l'homme de la situation : il avait refusé, dit-on, le 18 janvier, de brûler six cents prisonniers au château de Thorigny sous couleur qu'en se dévouant au service de la République il n'avait pas pris la charge de bourreau. Appelé à l'armée des Pyrénées- Orientales, il passa la main à Vachot qui n'avait pas les mêmes scrupules et jura d'en finir avec ces démons.

J'emploierai contre eux le fer et le feu, écrivit Vachot au comité de Salut public.... Je ne perdrai jamais de vue le mot exterminer que porte votre arrêté.

C'était un de ces généraux improvisés comme en enfantait chaque matin le pavé révolutionnaire et qui, n'ayant ni génie ni métier, se flattait d'y suppléer par l'emphase. Vachot avait pris pour devise : Mort aux Chouans ! Il en décorait son papier officiel, il en truffait ses harangues, sabrant, fusillant tout en paroles et quelquefois en acte, sans cependant y mettre les raffinements et le pittoresque d'un Boulard qui tapissait sa chambre d'adjudant général, à Fougères, d'oreilles humaines payées vingt livres par paire à ses soldats. Boisguy, lui, le féroce Boisguy, se contentait provisoirement de raser la tête de ses prisonniers qu'il renvoyait ensuite dans leurs cantonnements, à moins qu'ils n'acceptassent de s'enrôler dans ses bandes. Le 24 mai il s'emparait du Loroux ; dans la nuit du 27 au 28, et pour la seconde fois, de Mellé, qui n'avait pas été suffisamment châtiée sans doute et dont le maire et le curé juroux, Gilles Larcher, furent proprement égorgés dans leur lit auquel on mit ensuite le feu ; le 7 avril, il s'embusquait aux abords de Javené et abattait cent vingt soldats d'une colonne de trois cents hommes de troupe de ligne qui marchaient sur Vitré....

Cette dernière affaire fit grand bruit. Puisaye, dont l'ambition grandissante travaillait à coordonner les mouvements épars de l'insurrection, jugea que c'était le moment de s'aboucher avec un chef d'un tel allant : il lui fit donner un rendez-vous à la Chapelle-Saint-Aubert, entre Fougères et Saint-Aubin-du-Cormier. Boisguy, assez mal disposé et qui ne savait trop à quoi tendaient ces ouvertures, accepta cependant le rendez-vous, n'y trouva personne et faillit être enveloppé au retour par quatre colonnes républicaines dont il dispersa l'une, mais dont les trois autres, qui le prenaient de face, de flanc et de revers, ne lui laissaient aucune chance de s'évader. Il s'en tira néanmoins à force d'audace, en faisant abattre par son ancien garde-chasse Decroix le capitaine de la compagnie de grenadiers qui lui criait : Rends-toi, J... F..., et il est vrai que les deux autres colonnes étaient composées de ces gardes nationaux dont Rossignol, qui s'y connaissait, disait qu'ils étaient bons seulement à mettre la déroute. Les patauds ne démentirent pas cette fois encore leur réputation et se débandèrent, mais, dans l'ardeur de la poursuite, un aide de Boisguy, le chevalier de Baillorche, alla donner aux portes de Fougères dans une embuscade, y fit tuer dix de ses hommes et, capturé lui-même, fut immédiatement passé par les armes.

C'est la dernière affaire un peu importante de la Chouannerie orientale jusqu'à la mise à exécution du plan de Puisaye, qui dut fournir sans doute à Boisguy des raisons valables de son absence au rendez-vous de la Chapelle-Saint-Aubert : il s'apprêtait à partir pour son grand raid sur le Morbihan dont l'organisation lui prenait tout son temps. Appuyé par Forestier qui commandait sa colonne de gauche, il tenta en cours de route d'enlever Rennes par surprise — la mèche fut éventée par deux canonniers de Vern qui coururent alerter la garnison — et, se rejetant vers Baignon, y fut joint par trois mille hommes d'infanterie et quatre-vingt chevaux de l'armée républicaine qu'il dispersa par une charge brusque, en poussant de grands cris et sans tirer un coup de feu (Beauchamp). La suite de l'expédition ne répondit pas à ses commencements. Puisaye poussa cependant jusqu'à Concoret où il pensait rencontrer Guillemot et l'abbé Guillo, délégués vers lui par les divisions morbihannaises : il n'y trouva que leurs lettres et leurs protestations d'entier dévouement. Mais c'est de quoi il était le plus avide, ayant surtout entrepris ce raid pour faire reconnaître son autorité : elle n'était point encore si affermie parmi ses propres troupes qu'il pût les empêcher de se débander aux approches de leurs villages et de piller en cours de route, surtout quand l'exemple leur était donné par un Hay de Saint-Hilaire, dit *le Hulan*, qui brûlait la cervelle du procureur de la commune de Saint-Germain-sur-Ille pour lui enlever sa caisse. Affaibli par les désertions, talonné par les colonnes républicaines, il dut s'estimer personnellement heureux d'échapper près de Liffré à la débâcle totale de ses troupes : quatre de ses officiers, Tuffin d'Ussy, le chevalier de Troroux, Poncé et Fabré, périrent dans cette affaire qui parut avoir mis fin à la Chouannerie vitréenne ; dégoûtés, mal faits à ces égorgeries de chemins creux suivies de pilleries et de soûleries. Forestier, Duperrat, Bréchard, parmi les Vendéens, préférèrent repasser la Foire. Puisaye lui- même rentra sous ses fourrés et s'y tint coi jusqu'à l'été de 1794, où il sortit tout à coup de sa cachette avec le titre ronflant et les pouvoirs de général en chef, commandant pour le roi l'armée catholique de Bretagne. Il n'y manque simplement que le visa des princes. Or, à ce moment-là — 26 juillet, date de la première des deux proclamations de Puisaye qui vont donner une sorte d'existence officielle à la Chouannerie ; la seconde est du 20 août —, la Terreur n'a plus qu'un jour à vivre, et Carrier, son incarnation en Bretagne, s'apprête à rejoindre Robespierre sur l'échafaud.

CHAPITRE V

L'ÉNIGMATIQUE PUISAYE

QU'ÉTAIT-CE donc que ce Puisaye, dont on n'a fait jusqu'ici qu'entrevoir le profil perdu au cours ou au détour des événements qui viennent d'être racontés ?

Peu d'hommes ont laissé l'opinion plus hésitante. Il a fini mal sans doute et peut-être n'avait-il pas commencé très bien. Mais, entre le commencement et la fin, tout est-il si méprisable chez lui ? Peut-être n'a-t-il manqué à Puisaye que d'avoir su s'ensevelir dans son désastre : on eût mieux mesuré de quelle hauteur il était tombé ; on eût vu autre chose en lui qu'un mauvais Talleyrand de guerre civile, comme l'appelle Guillaume Le Jean, qui, pour atténuer ce que cette définition pourrait avoir encore de trop flatteur, s'empresse d'ajouter : égoïste, immoral, à genoux devant l'Anglais qui l'humilie, à genoux devant l'insurgé qui le méprise, c'est l'intrigue dans toute sa rampante stérilité.

Non. Et d'abord c'est à Puisaye, pour dégager tout de suite un de ses principaux mérites, que la Chouannerie a dû de lier ses mouvements jusque là désordonnés. D'armée catholique et royale de Bretagne, il n'en existait avant lui que sur le papier. Des coups de main héroïques exécutés par des bandes aussitôt dispersées que formées, et surtout du brigandage, des pillages de diligences et de caisses publiques, tout un sinistre répertoire d'attentats individuels, c'était jusqu'à lui la Chouannerie. Il ne parviendra peut-être pas à la discipliner complètement ; il ne lui ôtera pas — elle en fût morte — son caractère de guérilla : il lui infusera cependant un sang nouveau par l'apport continu d'émigrés qu'il fera entrer dans ses rangs, tel que cet indomptable Frotté attendu par la Normandie pour se joindre au mouvement ; il lui assurera surtout, par Foudres, les crédits, l'argent, les munitions qui lui manquent et — chose plus difficile — la coopération même de la flotte britannique sous les canons de laquelle s'opérera le débarquement de la grande armée régulière dont il va bientôt presser la levée à Portsmouth et qui, unie aux bandes chouannes, ne peut manquer de tout balayer devant elle jusqu'à Paris.

Mais la fortune, qui servit tant de fois Puisaye, lui fut infidèle aux heures décisives. Ferme dans ses vouloirs, il l'était moins sur les principes : député du Perche à l'Assemblée constituante, il avait incliné presque tout de suite vers le tiers, avec la minorité orléaniste de la noblesse ; sous la Terreur on l'avait vu fédéraliste, associé au général de Wimpffen et lui prêtant la main pour la formation de cette ridicule armée de carabots à tête de mort dont lui-même portait les macabres insignes sur sa manche. Romantisme polonais d'avant la lettre. Vernon, ou plutôt Pacy-sur-Eure, dénommé la bataille sans larmes, parce que les deux armées en présence trouvèrent le moyen de n'y pas perdre un homme, vit la déroute de ses illusions girondines. Après quoi, condamné à mort, sa tête mise à prix, mais les poches heureusement garnies des diamants de Mme de Puisaye et du bon argent sonnant et trébuchant que lui avaient rapporté la vente de ses propriétés du Perche et le remboursement de sa charge d'exempt de la Garde du Roi, il n'eut cure provisoirement que de se dérober aux embrassades de Louisette, comme on appelait la guillotine. Les fourrés de Bretagne n'étaient pas loin : il s'y jeta avec un de ses officiers d'ordonnance, le colonel Le Roy, et son médecin, le dévoué Joseph Focard, erra quelque temps de couvert en couvert, marchant la nuit, dormant le jour, poussa jusqu'à Ploërmel, revint sur ses pas et, finalement, sur la lisière du Maine, dans la forêt du Pertre, découvrit sous le taillis une loge abandonnée où il se glissa.

La forêt semblait déserte. En réalité c'était une ville, — une ville souterraine. Il y avait aux environs de la loge de Puisaye trente, cinquante tanières semblables à la sienne et dissimulées comme elle à ras de terre. Le prestige naturel de Puisaye eut vite fait de l'imposer à leurs tremblants locataires, des insoumis pour la plupart, quelques nobles, des prêtres réfractaires, vivant de racines les jours où chômait la main charitable, féminine le plus souvent, qui les ravitaillait clandestinement d'une ferme voisine. Il les rassembla, leur montra les avantages d'une formation défensive en sections, cantonnements, divisions.

Mais lui-même ne se découvrit point à eux tout de suite. Sans doute l'Assemblée constituante ni Vernon n'étaient des titres à la confiance de vrais royalistes ; son nom disparut de l'affiche : il y eut simplement, dit Lenotre, le comte Joseph — comme il y avait l'archiduc Charles — et ne dit-on pas bientôt dans son entourage, ne laissa-t-il pas entendre peut-être qu'il était de sang royal, apparenté à la famille de la reine ? — Cet homme avait dû méditer profondément Machiavel et Retz : il avait appris d'eux qu'il n'est pas de petits moyens pour intéresser la crédulité des masses et qu'un certain cabotinisme y est autant de mise et plus opérant peut-être que le mérite personnel. Tout le sert dans ce nouveau rôle : sa prestance, sa taille colossale jusqu'à le faire paraître un peu dégingandé, son verbe assuré, le mystère même de son origine. Parmi les réfractaires bretons et les traîneurs vendéens qui se pressaient de plus en plus nombreux autour de lui, attirés par sa légende ou séduits par ses largesses, se trouvaient deux anciens affidés de La Rouërie, les frères de Legge, l'un naguère capitaine au régiment de Brie, l'autre curé sans cure. Sont-ce eux qui l'entretinrent de la défunte Association bretonne, qui l'initièrent au détail du vaste plan dressé par son auteur pour mettre toute la Bretagne sur pied ? Ou bien le plan, assez semblable, que lui-même allait ébaucher, lui fut-il inspiré, comme le veut Beauchamp, par les propos d'une jeune pastoure vaticineuse :

Dieu est avec vous.... Un temps viendra que vous vous défendrez. Il ne sera pas permis que les Républicains soient toujours les plus forts....

Les prophètes sortaient de terre par douzaines en ces époques de fièvre et de sang. On baignait dans le surnaturel : des lettres de Jésus-Christ circulaient ; la Vierge apparaissait dans le Goëlo, saint Michel à Bothoa. C'était généralement pour annoncer la fin du monde ou, tout au moins, comme Jean Bannier, le Voyant de Carou, en Saint-Brandan, que Boishardy recueillera dans ses bandes, toutes sortes de calamités prochaines. La pastoure de Puisaye avait l'avantage de parler un langage optimiste et qui s'accordait parfaitement aux désirs secrets de son interlocuteur. Frappé de ses paroles comme d'un horoscope personnel, Puisaye, dès ce moment, ne s'occupa, selon Beauchamp, que de la pensée et des moyens de devenir chef de parti. Il s'en entretenait sous le taillis avec Focard ; c'était le thème, presque obsédant, de leurs conversations habituelles. Et Beauchamp de s'étonner, d'admirer même, — étonnement, admiration qui se communiqueront après lui aux historiens les plus prévenus contre Puisaye. Deux hommes isolés, proscrits, ne pouvant se montrer en plein jour au milieu d'un pays qui leur est inconnu et où ils sont étrangers à tous ceux qui l'habitent, sans munitions, sans armes, sans coopérateurs intelligents, forment à eux seuls le dessein de lever une armée et d'attaquer les forces d'un ennemi qui tient à sa disposition les ressources de l'empire le plus puissant de l'Europe, n'est-ce point là en effet de quoi frapper l'imagination, et les hommes ou plutôt l'homme qui avait conçu un projet si ambitieux, si démesuré, si pertinemment supérieur à ses ressources, peut-il être donné pour un intrigant vulgaire, surtout s'il arrive à faire de son rêve une réalité ?

En moins d'une année, neuf mois exactement, il y parvint. Et à travers quels obstacles ! Précisément, à l'heure où il prétendait à la direction des affaires de Bretagne, Monsieur désignait le marquis du Dresnay pour succéder à La Rouërie en qualité de commandant en chef — purement théorique, d'ailleurs, avec Q. G. de tout repos à Jersey, — mais commandant en chef quand même, de l'armée catholique et royale. Dès ses premiers pas, Puisaye, inconnu de la petite cour de Vérone, suspect en outre à l'Agence de Paris, se voyait couper l'herbe sous le pied. Mais qui diantre se fût avisé à cette époque de lui croire le pied si hardi ? Hors du district forestier qu'il s'était taillé en Ille-et-Vilaine et qu'il faisait administrer par un conseil d'ecclésiastiques et de laïcs à sa dévotion, son crédit était si faible que Boisguy avait hésité à déférer aux demandes d'entrevue qu'il lui faisait porter. Et à supposer que l'entrevue eût eu lieu et que Puisaye y eût démasqué son personnage et l'ambition qu'il nourrissait de commander aux chefs bretons, une telle prétention chez cet aventurier étranger à la Bretagne et à peu près dénué de tout, sauf d'écus et de toupet, n'eût pu manquer de faire sourire Boisguy, comme elle eût fait sourire Boishardy, Silz ou le vieux Francheville. Hugo se trompe qui croit que, dans les mouvements de ce genre où tous se jalousent et où chacun a son buisson ou son ravin, quelqu'un de haut qui survient rallie instantanément ces petites vanités. Les dernières années du XVIIIe siècle avaient été marquées dans la noblesse bretonne par une recrudescence de l'esprit féodal, le plus ennemi qui soit de toute autorité. Mais, sur les entrefaites, vers la fin de décembre 1793, Puisaye, sans qu'on sache bien exactement par quel concours de circonstances romanesques, fut mis en possession de tout un lot de dépêches qu'apportait d'Angleterre aux chefs de l'armée royaliste un ancien agent de La Rouerie, coutumier de ces traversées téméraires, Noël Prigent, lequel avait pris terre près de Saint-Malo le 2 décembre précédent.

Prigent expliquait, dans la lettre jointe au paquet, qu'après avoir employé tous les moyens imaginables pour parvenir jusqu'aux dits chefs et n'ayant pu se procurer de guide, ne sachant même où se trouvait l'armée royale depuis son échec devant Granville, il avait dû rester en route avec ses dépêches. Son désarroi était grand. A qui recourir ? Quelqu'un — peut-être son compagnon Bertin — lui nomma Puisaye et, sans bien examiner s'il était le plus qualifié sur place des chefs royalistes, il lui fit tenir ses dépêches.

Tout cela sent fort l'intrigue. De quelque façon que les choses se soient passées — et l'on peut être sûr tout au moins que Prigent, qui n'était pas encore un traître et qui en aucun temps ne fut un sot, n'aurait pas remis ou fait remettre ses dépêches au premier venu, — elles tournèrent à l'avantage de Puisaye qui, sans s'arrêter davantage à la suscription du paquet, passa *illico* au dépouillement de son contenu — une déclaration de S. M. B. aux Français, une lettre du secrétaire d'État Dundas, une autre du capitaine J. N. Cray, commandant de Guernesey, une quatrième de milord Balcaras, commandant de Jersey, avec le double de la lettre du même à milord Moyra, commandant en chef les troupes d'Angleterre, le tout certifié authentique par le marquis du Dresnay — et y fit réponse comme s'il en avait été l'unique destinataire. Mais, en vérité, d'où lui seraient venus ses scrupules ? Qui donc, en dehors de lui, avait l'envergure, le large et compréhensif esprit que réclamait la situation ? Qui était capable de rassembler les fils noués par Fa Rouërie, de manœuvrer les coulisses de ce réseau d'intelligences, de sourdes complicités, que son prédécesseur avait étendu sur toute la province et que lui-même s'occupait activement de raccorder ? Cadoudal ne s'était pas encore révélé et le fédérateur, le généralissime, ne pouvait être ni Boisguy, cet enfant, ni Boishardy, ce coureur de lièvres et de cotillons. Donc autant lui, et même lui plus qu'un autre.

Sa réponse, transmise dans la quinzaine par Prigent, qui se vantait d'avoir des bateaux à ses désirs, fut d'ailleurs la plus sage du monde : le gouvernement de S. M. B. protestant de la constance de sa sympathie à l'égard des tenants de la restauration monarchique en France et de sa ferme intention de leur venir en aide aussitôt qu'ils se seraient rendus maîtres d'un port de la côte, Cancale de préférence, Puisaye prenait acte de ces offres séduisantes, mais il demandait qu'on lui permît, avant d'y recourir, d'avoir terminé son organisation. Elle était en effet fort embryonnaire à cette époque. Mais il n'était pas nécessaire d'en prévenir le ministre à qui le compère Prigent présenterait les choses sous le jour le plus opportun. En outre, comme Puisaye était l'inventeur d'un ingénieux système de dépréciation des assignats révolutionnaires, très supérieur à celui de Calonne, dont il fit part — cette fois-là ou une autre — à lord Dundas et qui consistait à leur opposer des assignats royaux fabriqués à Londres et exactement semblables en apparence, mais que distinguait pour les yeux avertis un signe secret rendant possible leur remboursement en numéraire à la paix, il acheva par cette suggestion de se concilier les bonnes grâces du gouvernement britannique.

Il ne lui restait plus qu'à se concilier celles des différents chefs qui s'étaient levés en Bretagne pour la défense du trône et qui n'étaient point hommes à lui accorder leur confiance sans examen. La vue des dépêches expédiées de Londres, le titre qu'il y portait et qu'il soutenait avec tant d'aisance, grâce à ce magnétisme secret des esprits supérieurs qui donne tant de force à l'imposture, commencèrent de les disposer favorablement ; l'exemple de Forestier, de Jarry, de Duperrat et des autres chefs vendéens, que Le Roy, chargé de travailler le district de Redon, lui avait amenés de la forêt de Gavre et des roseaux de la Vilaine où ils se cachaient, fit aussi sur eux une très vive impression ; mais sa meilleure caution fut encore ce jeune et ardent chevalier de Tinténiac, qui s'était donné à lui avec cette frénésie de dévouement dont il essayait de racheter ses erreurs passées. Tinténiac appartenait à l'une des plus vieilles familles bretonnes ; il avait pris pour devise : un chef et de la poudre ! Il l'allait clamant partout ; sa propagande, ses protestations enflammées rallièrent à Puisaye les derniers dissidents. Par lui enfin la Chouannerie eut une tête. Assuré du concours de ces chefs expérimentés, fort de l'autorité qu'ils lui avaient reconnue, Puisaye put alors se tourner vers l'Angleterre, pivot de son action, et cependant, avant de s'embarquer, lança ses deux manifestes.

Le premier, du 26 juillet 1794, qui était une adresse aux français et qui portait la signature de quarante-cinq généraux et officiers royalistes, s'ouvrait par un bref rappel du passé ; il y était dit ensuite que les circonstances terribles qui agitaient le pays ne permettaient plus à personne de demeurer incertain et flottant entre la scélératesse et la vertu. Donc obligation pour tous et particulièrement pour les Bretons de se rallier aux drapeaux de la religion et du roi. Seraient réputés rebelles et traités en conséquence ceux qui refuseraient d'obtempérer ; *item* toute ville, bourg ou village dont les habitations seraient abandonnées à l'approche des troupes royalistes ; item tout receveur ou payeur de la République qui ne mettrait pas ses fonds à la disposition des dites troupes.

Le second manifeste, signé des mêmes noms et lancé le 20 août, commençait, lui aussi, par un appel pathétique aux soldats républicains que l'on conjurait de se rallier aux troupes royales. Car enfin n'était-on pas les uns et les autres des Français, des frères ? Or, continuait le manifeste, qui l'a provoquée, cette guerre atroce que nous nous faisons journellement ? Qui sommes-nous et pourquoi nous battons-nous ? D'un côté une République monstrueuse, une assemblée imbécile, des soi-disant représentants aussi ridicules qu'ils sont féroces. De notre côté le respect et l'honneur des propriétés, la liberté des individus — et aussi les gratifications, les soldes régulièrement payées, la possession des grades, l'amélioration des retraites, tous les avantages, toutes les sécurités que l'ingrate République refusait à ses partisans.

Inauguré sur le mode patriotique, l'appel aux soldats républicains s'achevait, assez bassement, sur la promesse d'une prime à la désertion. Il ne fut entendu que par la racaille.

CHAPITRE VI

LA VIE SECRÈTE DE LA CHOUANNERIE

MAIS le premier manifeste trouva les campagnes attentives. Si bien disposées qu'elles eussent été à l'origine pour le nouveau régime, la moisson de colères qu'y avait fait lever la Terreur arrivait à maturité dans l'instant où cette même Terreur s'affaissait dans les villes sous le poids de ses crimes : une autre Terreur s'apprêtait, celle des landes et des fourrés, aussi sanguinaire que sa sœur. Là, Puisaye n'avait pas travaillé dans le vide. Il trouvait sans doute le terrain préparé par La Rouërie. Mais, quand il n'était qu'un simple outlaw sans autorité, un Robin des bois armoricains, autour duquel les proscrits, les réfractaires, les misérables hôtes du reste de la forêt commençaient à se rallier, à s'unir en une sorte de petite fraternité militaire, c'est bien lui seul qui, sans prendre conseil de personne, leur avait donné cette organisation ingénieuse en sections de sept hommes par cabanes ou huttes, une réunion de sept cabanes formant un cantonnement, une réunion de sept cantonnements formant une division. L'heure venue de l'étendre à tout le pays insurgé, il n'aura qu'à développer et mettre au point cette organisation rudimentaire en superposant aux divisions, comme chez La Rouërie, les commandements départementaux ou grands commandements : les titulaires de ces commandements auront rang de maréchal de camp ; les divisionnaires le rang de colonel ; les chefs de canton, chargés de lever les compagnies qu'ils formeront de déserteurs réquisitionnés et de tous les habitants mécontents en état de porter les armes, le rang de major.

Et c'est Puisaye encore, sinon qui créa, au moins qui rétablit, développa et parfît ces lignes de correspondance, vraie carte routière de la Chouannerie, qui, partant de divers points des côtes de la Manche à proximité de Jersey et rayonnant vers les centres insurgés et jusqu'à Paris et à la frontière, menait à destination, plus sûrement que les routes nationales, les courriers des princes, comme Prigent, et les émigrés désireux de servir à l'intérieur, comme Tinténiac. La Rouërie et Botherel en avaient établi l'esquisse et commencé de régler le système, avec Georges de Fontevieux pour premier courrier. Des amorces brûlées sur la falaise, les étincelles d'un briquet, la croix dessinée par une lanterne dans quelque creux de rocher, faisaient, la nuit, l'office de signal entre la côte et le large, qui répondait par quelque autre signal convenu. Une fois à terre et s'il avait échappé aux chaloupes canonnières, au feu des batteries, aux patrouilles de gardes nationaux, au cordon de douaniers tendu le long du rivage, l'agent des princes gagnait en rampant, derrière son guide, la première des maisons de confiance placée sur sa route et qui, avec ses caches profondes, ses issues dérobées, son personnel aux aguets et dévoué jusqu'à la mort, lui offrait toutes les garanties de sécurité : la Ville-Mario, ancienne baronnie désaffectée, près des grèves du Portrieux, le clos Huet, près des grèves de Saint-Coulomb, la métairie du bonhomme La Fluve, près des grèves de Granville.... Une, souvent deux chaînes de communication se détachaient de là dont on avait pris soin de varier les anneaux, sinon le personnel, toujours choisi parmi les gens du bon Dieu : c'était tantôt une hôtellerie de modeste apparence comme l'*Hôtel du Pélican* à Saint-Servan ; tantôt une vieille gentilhommière comme ce Boscénit, propriété des De Gris-Duval, tellement dérobée aux yeux par de grands bois qu'on ne l'apercevait, pour ainsi dire, qu'en la touchant (Levot) ; tantôt, au contraire, une ferme isolée et dominante comme le Roc de Bignan, tenu par la veuve Lohézic, la mère des Chouans et ses huit serviteurs des deux sexes. Mais, ferme, château, cabaret ou simple loge de sabotier, l'agent ne pénétrait dans la maison de correspondance que s'il était en possession du mot de passe, qui variait assez souvent, ou après quelque tambourinement d'une certaine espèce à la vitre, un grattement de la pierre du seuil avec la pointe du couteau. La cache, plus ou moins grande, pratiquée dans une armoire de chêne à double fond ou derrière une plaque de cheminée, contenait un peu de paille, quelquefois un lit de camp : il y dormait le jour et, la nuit venue, se coulait avec son guide vers une autre maison de confiance qui le recevait après l'échange des mêmes formalités. Arrivé à destination, il remettait ses dépêches, roulées le plus souvent dans un bâton creux. Puisaye avait été jusqu'à prévoir la création d'ambulances, de maisons de retraite à l'écart pour recevoir les blessés et les malades.

Tant de précautions, pour excessives qu'elles semblent, n'étaient pas superflues par ce temps d'espionnage intense, de délations frénétiquement intéressées. Les mouches pullulaient, policières et autres. Puisaye avait donné l'exemple de la prudence en troquant son nom contre celui de comte Joseph, et il est vrai qu'il était comte et qu'il portait le prénom de Joseph. Et l'on voit bien aussi pourquoi le fidèle Frotté prit le surnom de *Blondel*, le souple Cormartin celui d'*Obéissant*, Duviquet, qui venait des Bleus, par antiphrase, celui de *Constant*, et Mercier, qui venait d'outre-Loire, par fierté, celui de *La Vendée*. Des raisons plus obscures décideront Cadoudal à s'appeler *Gédéon*, Guillemot *Valentin*, La Bourdonnais *Coco*, Saint-Régent *Pierrot*, Armand de Chateaubriand *John Fall*, d'Oilliamson *Gabriel*, Keranflec'h *Jupiter*, Treton *Jambe-d'Argent*, l'aîné des Cottereau *Pierre-qui-Mouche*. Et voici, derrière eux, toute la Chouannerie qui prend le masque, maquille son état civil : les déserteurs d'abord, avec leurs sobriquets rapportés du régiment, *Belle-Humeur*, *Sans-Souci*, *Brin-d'Amour*, *Va-de-Bon-Cœur*, etc., puis les réfractaires répondant aux noms de *Tape-à-Mort*, *Court-aux-Bleus*, *Perce-Pataud*, *Bénédicité*, *Galope-la-Frime*, *Happe-Galette*, voire *Pille-Miche* ou *Marche-à-Terre*, comme chez Balzac. Il n'est pas jusqu'aux insermentés qui n'aient leur nom de guerre : l'abbé Lhermitte s'appelle *Lucas l'herboriste*, l'abbé Corre *Fanchoun*, l'abbé Laya *Fricandeau*, l'abbé Emery *Petit-Bonhomme*, l'abbé Moulin Sans-Peur, etc. Il arrivera que le même sobriquet soit porté par plusieurs Chouans : ainsi *Branche-d'Or*, pris par quatre d'entre eux. Et d'autre fois on ne saura pas au juste quelle personnalité il recouvre : ainsi les pseudonymes de *Théobald* et de *Pipi*. La Chouannerie ne change pas de caractère en passant aux ordres de Puisaye : une guerre de clair de lune investissant les villes, coupant les routes et menée sur la bruyère au chuintement du hibou par des soldats fantômes, c'est la figure déjà connue et seulement intensifiée dans son expression, qu'elle va continuer de nous présenter jusqu'à la Mabilais. D'où la même difficulté pour la saisir, la fixer. On pense la tenir et elle échappe. Les généraux républicains, les représentants aux armées, les administrateurs, tous gémissent sur cette mobilité incroyable de l'adversaire, sur sa faculté presque fabuleuse de disparaître, de se volatiliser.

Parti de bandits, écrivaient déjà sous la Terreur les délégués de la Convention : disséminés en pelotons plus ou moins forts, ils se répandent dans les campagnes, sur les routes et dans les champs. Sont-ils en nombre, ils attaquent nos postes ; sont-ils isolés, c'est à l'abri des haies qu'ils tirent leur coup de feu sur les voyageurs, et principalement sur nos soldats. Ils ont plutôt l'air d'agriculteurs que de brigands embusqués. Tel a été saisi, un hoyau à la main, qui avait caché son fusil derrière un buisson...

Hoche renchérira un an plus tard :

Nous voyons, dans chaque sortie que nous faisons, les sentinelles des brigands. Marchons-nous dessus ? Tout disparaît et se terre. Il ne reste aucun vestige. Tout les sert, les femmes, les enfants. On jurerait qu'ils ont des télégraphes.

Un uniforme au moins les trahirait. Les Bleus ont le leur, bleu et rouge, mais où le bleu domine qui leur a valu leur nom et la chanson fameuse qu'ils entendent quelquefois corner à leur oreille :

> Tu portes l'habit bleu,
> Tu te bats contre Dieu :
> Maudite République !...

Même en haillons, quand l'habit n'a plus ni forme ni couleur, quand la guêtre ne tient plus au soulier rattaché par des ficelles, leurs baudriers en croix, leurs briquets à poignée de cuivre, le balai de crin rouge de leurs vieux tricornes, la cadenette qui leur tape le dos et leurs longues moustaches gauloises les dénoncent à trois cents mètres. Et l'on reconnaît encore mieux les généraux républicains aux plumets de leurs bicornes, à leurs manteaux sombres sur la redingote boutonnée, à leurs écharpes tricolores tortillées en ceintures... Il n'est pas jusqu'aux gardes nationaux qui n'aient leur signalement rudimentaire dans ces pantalons rayés qui ont remplacé la culotte laissée aux ci-devant. Mais les Chouans ! Sauf les déserteurs, dont beaucoup portent encore l'uniforme de l'ancienne armée, les guêtres, la culotte, l'habit blanc ou gris à parements et à revers noirs, les autres, pareils aux premiers paysans venus du Maine ou du Morbihan, ne sauraient en être distingués à l'œil nu.

Le costume des campagnes semble avoir été d'ailleurs à cette époque beaucoup moins divers qu'aujourd'hui. Dans le Maine comme dans la Cornouaille on retrouvait chez les paysans ce bonnet de laine bleue ou rouge d'où coulaient jusqu'aux épaules de longs cheveux plats ou bouclés et que remplaçait, les jours de fête, le grand chapeau à cuve, cette veste brune ou grise doublée en hiver par une peau de bique ou de mouton, ces braies courtes et larges de berlinge, nommées *bragou-braz* en Bretagne et dont le surnom de grandes culottes donné aux premiers insurgés léonards n'est que la traduction, ces guêtres de cuir jaune, ces jarretières de couleur tranchante, ces sabots ou ces souliers ferrés pour les longues marches. C'était là indistinctement et à quelques nuances près le costume de toute la paysantaille masculine de l'Ouest. Rien là de militaire, rien de significatif. Dans les expéditions, dans la bataille seulement, les signes distinctifs du clan apparaissent : des parements mobiles de diverses couleurs, le Sacré- Cœur accroché sur la poitrine ou porté en brassard, le chapelet à la ceinture ou au gilet, la médaille ou la statuette bénite de plomb fixée au chapeau avec la cocarde blanche. Et le porteur de hoyau de tout à l'heure se révélait le fusil de chasse au poing et la poire à poudre en sautoir. Mais que la poursuite commence, que le détachement des Bleus ou des gardes nationaux franchisse la haie et tombe sur l'assaillant embusqué derrière, tout disparaît à la seconde, fusil, poire à poudre, cocarde, amulettes, Sacré-Cœur : il n'y a plus qu'un *nigous* quelconque qui, à toutes les interrogations, répond par son décourageant *nentenket* — je ne comprends pas.

Les chefs eux-mêmes n'ont pas de costume spécial. Ce n'est qu'aux conférences de la Mabilais qu'on les verra, pour éblouir les Rennaises, arborer de grands feutres à plumet blanc, des écharpes de soie blanche, des épaulettes d'or, des bottes à revers et y ajouter même, comme Cormartin, pour avoir l'air d'un vrai Chouan, le Sacré-Cœur sur la poitrine et le chapelet passé à la boutonnière.

En campagne on voit Boishardy, tantôt en chasseur, tantôt en paysan, avec la veste cintrée et le chapeau à cuve l'hiver, en berlinge gris et chapeau de paille l'été, comme ses hommes. Saint-Régent est d'abord en pelisse de hussard jaune et garnie d'hermine, pantalon de peau, gilet moucheté couleur café, débris de son équipement d'officier de l'ancien régime. Et l'on peut douter, malgré la caution d'Hugo, que Beauvilliers se battait en robe de procureur, un chapeau de femme sur son bonnet de laine, mais il est certain qu'on vit plusieurs fois Carfort, pour pénétrer dans des bourgs suspects, costumé en paysanne, avec la coiffe et le jupon de droguet. Ruses de guerre qui ne trompaient que les patauds. Le seul insigne commun à tous les chefs chouans paraît avoir été la plume blanche au chapeau : dans les troupes de Boishardy, ce *Pipi* non identifié qui passait pour Jersyen et qui, plus probablement, d'après son surnom, diminutif familier de Pierre en bas-breton, était un petit gentilhomme du Trégorrois, n'avait pas d'autre marque distinctive de commandement dans les rassemblements qu'il présidait en l'absence de son chef. Ce n'est qu'au moment de Quiberon et plus tard, en Normandie, avec Frotté, qu'un uniforme fut porté par les Chouans : encore les bandes de Cadoudal rejetèrent-elles bien vite cette livrée écarlate qui leur donnait trop l'apparence d'un corps à la solde de l'Angleterre. Chez Frotté au moins, l'uniforme et l'équipement gardaient quelque chose de national : c'étaient la carmagnole à raies, plus un chapeau rond couvert de toile cirée jaune ou verte, une giberne, un sabre, un fusil à deux coups et des pistolets.

Sur les camps ou campements chouans, il n'est pas plus facile de se faire une opinion précise que sur les costumes. Peut-on même dire que ce fussent là des camps ? Ce sont tantôt des carrières abandonnées comme les caves de Laudéan, dans la forêt de Fougères ; tantôt des souterrains de fraîche date comme ceux d'Hubert dans la forêt de Vitré, aménagés en dortoirs au revers d'une faible éminence et où l'on n'accédait qu'après avoir marché plus de cent pas dans un ruisseau (Pontbriand) ; tantôt une série d'alvéoles profondes, recouvertes de branchages et creusées derrière le rempart de quelque talus, comme à Saint-Bily (Le Falher) ; tantôt des baraques de planches, sept ou huit, avec chacune vingt-cinq couchettes, comme a Bosseny (Lenotre) ; tantôt enfin — mais seulement après des razzias républicaines ou en cas d'émigration — de vrais villages sylvestres comme celui qu'a décrit Souvestre sous le nom de *Placis de la Prenessaye* et où cent huttes de charbonniers, dans une clairière, entouraient quelque grand chêne druidique exorcisé par les saintes images et l'autel de verdure qui s'adossaient à son tronc. Mais la plupart du temps, quand le signal du rassemblement les tirait de leurs chaumières, les Chouans ne s'embarrassaient point de tout ce luxe : la nuit venue, si le temps était propice, ils se roulaient à la belle étoile dans leur peau de bique et, au cas contraire, empruntaient le paillis ou le grenier d'une ferme voisine. Des grand'gardes, on ne prenait même point toujours la peine d'en poster ; les enfants, alertés, surveillaient les routes et, au premier bruit d'une troupe en marche, détalaient vers le camp en criant : la Nation !

Quant à la consigne donnée à ces troupes hétéroclites, si rebelles à toute discipline, mais animées du même esprit de représailles, elle variait aussi sans doute selon les heures et les chefs : un Boishardy n'a pas l'humeur féroce d'un Jean Jan où d'un Coquereau. Il semble pourtant qu'à l'heure où nous sommes parvenus elle ait été à peu près la même sur toute la ligne : Pas de quartier ! La Terreur blanche, après la Terreur rouge, que sa frénésie sanguinaire avait fini par étouffer, pour en finir plus vite éprouvait à son tour le besoin de frapper fort. Elle y était encouragée par la dépression même qu'elle sentait chez sa rivale, par les grincements qui se faisaient entendre un peu partout dans la machine révolutionnaire usée par ses excès. La réaction thermidorienne commençait : les villes, soûles de sang, de dénonciations, entrebâillaient la porte des prisons, en attendant de remiser au grenier la guillotine. Il était trop tard et il y eût fallu d'autres mesures que la clémence précaire dont elles se targuaient envers quelques suspects : le couperet restait toujours suspendu sur la tête des prêtres insermentés ; les réquisitions, le maximum et le cours forcé n'avaient pas arrêté leurs effets. Plus de transactions commerciales entre les villes et les campagnes qui, réduites elles-mêmes à la portion congrue, gardaient jalousement pour elles le peu de blé noir et de bestiaux étiques qu'elles arrivaient à soustraire aux réquisitions. On ne sait pas assez que toute la France, pendant ces années qui devaient ouvrir l'ère de la félicité universelle, mangea du pain gris et quelquefois même ne mangea pas de pain du tout : les campagnes se contentaient d'une bouillie de sarrasin, seule nourriture, à peu près connue d'elles et qui entraîna l'effroyable dysenterie des armées vendéennes obligées de se contenter de cet indigeste brouet dont elles n'étaient point coutumières. Plus de bestiaux, partant plus de cuir ; plus de fer même pour labourer le sol. Le directoire de Dinan, interprète de la détresse des communes rurales du district, gémit près de Lecarpentier sur la disette affreuse où elles se trouvent d'instruments aratoires, le fer étant mis en réquisition de toutes parts pour fournir des armes à la République... Et cependant les campagnes languissent, les terres restent incultes. A la disette du fer s'ajoute celle des bras, réquisitionnés eux aussi pour la défense des frontières : l'ensemencement du blé noir est ainsi mis lui-même en péril et l'on prévoit que, l'hiver suivant, il faudra se contenter de poisson séché, de barriques de sardines de Concarneau. Les villes en sont réduites pour se sustenter au système primitif des échanges. Port-Malo propose de céder aux Dinannais, contre tel autre aliment qui lui manque, quelques bocaux de riz, du fromage de Hollande, des carteaux de bœuf d'Irlande ; Dinan, à son tour, propose à Bécherel de lui céder contre de la farine et du blé du poisson salé, sardines, harengs.

Comment la foi révolutionnaire, l'ardente conviction républicaine de naguère, eût-elle survécu à un tel désarroi ? Elle survivait pourtant, mais atténuée, ramenée à une formule plus conciliante, voisine de la formule girondine, dans les municipalités des villes et des bourgs. Et, même dans les campagnes bretonnes, on le verra, toute affection pour le régime qui a supprimé les servitudes féodales, l'insupportable tenue convenancière, n'est pas éteinte. La Révolution et nos prêtres, ce cri des municipalités rurales de l'an III traduit exactement le sentiment de l'ensemble du territoire paysan. Mais cette concession suprême, qu'il lui faudra bien faire un jour — et assez prochain — pour avoir la paix, la Révolution ne peut pas se décider à la faire tout de suite ; elle n'a plus qu'un fétichisme, mais elle y tient : elle est violemment anticléricale ou, pour mieux dire, anticatholique, anti-romaine. Le 1er mai 1795, au lendemain de la Mabilais, elle décrète la peine de mort contre tout prêtre insermenté pris sur le territoire de la République.

Alors les autres concessions seront comme si elles n'étaient pas.

CHAPITRE VII

LES CONFÉRENCES DE LA MABILAIS

C'EST bien sur quoi compte Puisaye.

D'ailleurs, si tout est prêt ici, tout est à faire à Londres, à commencer par la consécration de ses pouvoirs, et ses lieutenants devront se contenter jusqu'à son retour de recruter et d'entraîner leurs bandes ; ce sera, pour quelque temps encore, la guerre de clair de lune, coups de main, rafles, arquebusades de prêtres mariés, d'agents du fisc, de maires sans-culottes, d'acquéreurs de biens nationaux, la petite guerre brigande, préface de l'autre, la guerre stratégique au grand jour, avec armées régulières, tambours, fifres, pavillons déployés, dont Quiberon donnera le signal et qui consommera la déroute de l'infernale République.

Avant de partir, il rassembla une dernière fois ses officiers au quartier général du chevalier de Chantreau, pour connaître avec eux la conduite à tenir pendant son absence. Un de ses affidés, Mathurin Dufour, marin de Saint-Coulomb, plus tard colonel, s'occupait de lui trouver une barque pour passer à Jersey. Ce n'était pas aisé, avec les patrouilles des chaloupes canonnières et une côte gardée, dit Dufour dans ses *Mémoires*, par une ceinture de tentes dressées à cinquante pas l'une de l'autre et occupées chacune par quinze hommes sous le commandement d'un officier. Pour déjouer cette double surveillance, on devait attendre la conjonction d'une nuit très sombre et d'une mer démontée, où les canonnières cherchaient l'abri ; mais il restait toujours à traverser la ligne des tentes, ce qui ne se pouvait faire qu'à plat ventre, le fusil armé et en banderole, prêt à répondre par une décharge au qui-vive des factionnaires. Problème difficile. Concédons en sus — on parlera tant de la lâcheté de Puisaye ! — qu'il requérait quelque courage de ceux qui s'attaquaient à sa solution.

Les quinze jours demandés par Dufour pour trouver un canot et des conditions favorables à l'embarquement de son passager ne furent pas perdus pour celui-ci, qui acheva de prendre langue et de tout régler avec ses interlocuteurs : il fut convenu, précisé et répété jusqu'à satiété dans les dernières conférences qu'on réserverait toute action importante jusqu'à son retour et qu'on se contenterait d'ici là de continuer à travailler la province sans trop l'alarmer, multipliant les approches sournoises, organisant une espèce d'interdit des villes, surtout qu'on ne laisserait pas filtrer le bruit de son départ pour l'Angleterre. Un conseil de chefs, composé de Boishardy, de Chantreau, de Jarry et de l'ex-constituant girondin Le Deist de Botidoux, que Puisaye avait connu à Caen et qui était passé aux royalistes, devait pendant son absence pourvoir aux besoins les plus pressants. La caisse de l'association était abondamment garnie d'ailleurs : au seul Boulainvilliers, qui se donnait du prince de Croy et qui n'était qu'un chevalier d'industrie vivant aux crochets de Mme de Forzan, Puisaye remettait pour ses troupes 50.000 livres que le coquin oubliera de leur distribuer : Guillemot l'en fera souvenir par deux balles dans le dos. Cependant il fallait un major général pour conduire les délibérations du conseil. Mais, sur les entrefaites, Prigent débarqua au Q. G. de Chantreau avec trois nouveaux émigrés qu'il amenait de Jersey : Chabron de Solilhac, le chevalier de Jouette et un inconnu qui se donnait du baron, comme Boulainvilliers du prince, pour avoir trouvé dans le douaire de sa femme, veuve du sieur de Sercy et propriétaire en Bourgogne, une terre de Cormartin.

Son vrai nom était Dezoteux (Pierre-Félicité). Ancien officier de dragons, les choses de la guerre ne lui étaient pas complètement étrangères : il avait voyagé, poussé une pointe chez les insurgents d'Amérique et servi en 1791 à l'état-major de Bouillé. Un certificat en faisait foi. Ce certificat et une recommandation du Conseil des princes, qui lui avait confié de vagues missions dans les Cévennes et en Vendée, n'auraient pas suffi à le faire appeler par Puisaye à la direction, même temporaire, des affaires de Bretagne ; mais Puisaye n'était peut-être pas très soucieux de nommer à ce poste une personnalité trop en relief, comme Boishardy ; Cormartin, d'autre part, homme vif et bouillant (d'Andigné), portait beau, mettait de la passion dans tout ce qu'il disait ; il semblait enfin avoir quelque teinture de l'administration : bref Puisaye proposa Cormartin comme major général et, quelques jours après (13 septembre), en compagnie de Dufour et de Prigent, il s'embarqua sous la falaise de Saint-Briac, non sans peine d'ailleurs et n'échappant au cordon des gardes-côtes et aux chaloupes canonnières que pour tomber dans la rafale et tourne- bouler avec elle jusqu'aux Minquiers.

Le secret de son départ avait-il été bien observé ?

Le peu d'émotion que manifesta le gouvernement de la découverte (par le comité dinannais) du complot, auquel a été donné le nom disproportionné, semble-t-il, de Conspiration de la Cour-Porée (28 août 1794), tendrait à prouver le contraire.

Peut-être était-il déjà au courant par ses espions ; peut-être en tenait-il le détail de l'Agence royaliste de Paris, ramassis d'incapables, de bambocheurs et de vendus, que manœuvrait de Venise une espèce de coupe-jarret blasonné, investi de la confiance de Monsieur, le comte d'Antraigues, amant de la Saint-Huberty, et dont la plus forte tête, avec Fontaine, son directeur, était cet abbé Brottier, catholique de profession, athée de vocation, brouillon qui eut désuni les légions célestes, disait de lui le cardinal Maury. Ca Cour-Porée est le nom d'une ferme de Saint-Helen où furent saisis la plupart des documents relatifs au complot. Ces autres, ceux qui avaient mis sur sa trace et qui concernaient des prisonniers anglais qu'on voulait faire évader, un commissionnaire manchot et boiteux, Joseph Jan, arrêté aux portes de la ville, les cachait dans la doublure de sa veste. Le public sut par eux et par les papiers trouvés à la Cour-Porée que l'armée catholique et royale était formée, prête à entrer en campagne, que ses opérations étaient dirigées par un conseil militaire qui avait à sa tête le général comte de Puisaye, qu'elle-même était divisée en six commandements principaux, savoir : Lamballe sous les ordres de Boishardy ; Locminé-Bignan sous les ordres de Boulainvilliers ; Rochefort sous les ordres du chevalier de Silz ; Fougères sous les ordres de Boisguy ; Saint-Helen sous les ordres de Solilhac ; Guipry sous les ordres de Tromelin. La Bourdonnaye, en outre, commandait dans le Morbihan. Il était ajouté que, quelque espoir que le conseil [de l'armée chouanne] parût fonder sur la protection du gouvernement britannique, il avait cru nécessaire d'envoyer le comte de Puisaye près de ce gouvernement et des princes français. La révélation de ce complot n'en fut une que pour l'opinion bretonne. Quant au gouvernement, retenant des papiers ce qui avait trait aux cinq ou six cents prisonniers anglais de la ville, il fit vérifier les verrous et doubler la garde des prisons. Mais le reste lui parut négligeable : aussi bien l'Agence royaliste de Paris ne prêchait-elle pas le désarmement, persuadée — ou feignant de l'être — que la France, par dégoût, lassitude, reviendrait toute seule à ses rois légitimes ? Et, se conformant à la consigne qu'elle leur faisait passer à l'insu de Puisaye, la plupart des chefs insurgés ne demeuraient-ils point sur l'expectative, soit qu'ils ne pussent faire autrement, soit qu'ils commençassent d'en croire l'Agence et les bruits calomnieux qu'elle répandait sur Puisaye ? Depuis le raid que Boulainvilliers, en mai précédent, avait conduit dans les districts de Broons, Montfort, Josselin et Ploërmel, en y pillant les patriotes et en coupant les arbres de la liberté, plus une bande n'avait reparu dans les Côtes-du-Nord ; la municipalité de Broons, le 9 août, poussait l'optimisme jusqu'à déclarer que les dangers avaient été exagérés..., qu'un simple cantonnement à Merdrignac suffirait pour contenir les déserteurs réfugiés dans les forêts voisines de Bosquen et de Catuélen. De même en Maine-et-Loire, revenu de l'effroi que lui avait causé l'égorgement des cinquante hommes du poste de Combrée par un lieutenant de Scépeaux, Sarrazin, qui y trouva la mort. Jusque dans le Morbihan, au rapport de l'agent national de Josselin, les Chouans semblent vouloir éviter toute collision grave et, seulement quand on les gêne — comme à Collédo où les Bleus ont pris un réfractaire, l'abbé De Clerc, que Guillemot leur arrache —, frappent de rudes coups (Le Falher).

Après la découverte du complot de la Cour-Porée, tout changea. Il apparut que cette retraite, ce silence des Chouans ne trompaient que Paris ; les villes bretonnes, elles, sous la menace directe de l'orage qui s'amoncelait, les interprétaient autrement : on eût dit que l'ombre de Quiberon se projetait par anticipation sur leurs murs-soucieux. Et cependant les événements semblèrent vouloir d'abord donner raison à Paris.

C'est qu'il y avait vraiment, en haut, chez les dirigeants, quelque chose de changé. Le *terrebant pavebantque* de Tacite se répétait à quinze siècles d'intervalle : ces terroristes tremblaient à leur tour pour eux et, entre les restes encore redoutables du parti robespierriste et l'audace croissante de la contre-Révolution vendéenne et chouanne, ne voyaient de salut que dans le désaveu, au moins provisoire, de leur ancien absolutisme. Un Tallien, un Fouché eux-mêmes parlaient avec modération des insurgés de l'Ouest, plus égarés que coupables. On n'en eût cru qu'à moitié ces tigres bêlant des mots de clémence, mais la Convention ne s'en tenait pas aux mots : renversant toute sa politique intérieure, elle remplaçait ses frénétiques proconsuls de naguère, les Carrier, les Pochole, les Lecarpentier, raccourcis ou déportés pour n'avoir pas su retourner leur carmagnole à temps, par des missionnaires de paix, des apôtres de la réconciliation générale, comme ce Boursault-Malherbe passé des tréteaux des Variétés sur la scène plus vaste des Tuileries et qui n'avait que le tort de draper dans un verbe un peu emphatique la générosité et la parfaite sincérité de ses sentiments. Brue, Guezno, Guermeur, Bretons tous les trois et chargés avec lui de travailler à la pacification des esprits, n'étaient pas moins recommandables : jacobins sans doute, mais aux mains propres et à la conscience droite. Enfin, pour le commandement des troupes, le choix de Carnot, le nouveau ministre de la Guerre, s'était porté sur un soldat aux vues larges, plus ami des actes que des paroles et dont le programme laconique : Repousser l'Allemagne, rallier la Vendée [on enveloppait sous ce nom tous les départements insurgés] et fondre sur l'Anglais, répondait pleinement aux propres vues de la Convention régénérée : Lazare Hoche, le vainqueur de Wœrth et de Frœschwiller, détenu la veille à la Conciergerie. Il y avait été jeté par Saint-Just qui le détestait, mais lui-même, par ses délations, avait causé la perte de Colaud, de Souhan et, après Quiberon encore, il dénoncera Kléber comme un des ennemis les plus redoutables du Directoire. Il n'était pas sans tache. Il flatta Marat, il fleureta avec Barras. Marié du mois précédent à une jeune Thionvilloise de seize ans, Adélaïde Dechaux, il l'aimera, la cajolera et la trompera sans scrupules. Tout cela, c'était les mœurs du temps. En outre, une telle séduction émanait de ce beau guerrier à l'œil brun et aux cheveux bouclés ! Mais le fond chez lui était humain, généreux, dans la mesure où ces sentiments peuvent se concilier avec les exigences du métier militaire et le souci de l'avancement. Moins gêné aux entournures ou plus naïf, Boursault, dans tout le feu de son apostolat, allait jusqu'à réclamer pour les insurgés la liberté des cultes, le rétablissement immédiat des autels. Comment ne pas se flatter qu'avec de tels hommes le terrible malentendu qui divisait la nation serait bientôt dissipé ?

Encore fallait-il n'avoir point affaire à des cœurs trop aigris ou à des esprits trop échauffés. Tant de sang avait coulé et qui criait vengeance ! Tant d'ambitions s'étaient révélées chez ces petits hobereaux ou ces simples paysans promus colonels, maréchaux de camp, même lieutenants-généraux et à qui le comte d'Artois prodiguait dans ses messages du cher ami ! L'amnistie accordée à tous les insurgés, les prisons ouvertes, la réquisition suspendue, l'exercice du culte toléré, sinon autorisé, les campagnes indemnisées, la signature des représentants du peuple au complet s'offrant en garantie de l'exécution du pacte de réconciliation soumis à l'agrément des chefs chouans et vendéens, ces réalités immédiates, si précieuses qu'elles fussent, compensaient-elles la perte de l'immense espérance à quoi l'on renonçait ? Chacun des intéressés se posait la question et la résolvait à sa manière : Charette et Boishardy penchaient *pour* l'accommodement ; Stofflet, Guillemot et Cadoudal opinaient contre. Mais les circonstances, là encore, servaient singulièrement la politique de la Convention, car celui de ses adversaires qui, en l'absence de Puisaye, devait lui opposer la résistance la plus acharnée et décider de la résistance des autres, Cormartin, fut, par une rencontre proprement inouïe, le premier et le plus empressé à recevoir ses ouvertures.

L'Agence royaliste, hostile par principe à tout ce qui émanait de Londres, l'y avait sans doute incliné par un de ses agents, Duverne de Presles, que Fouché fera entrer plus tard dans sa police ; mais lui-même n'éprouvait que trop de propension à s'engager dans les voies obliques, et, pour doubler Boursault dans sa propagande pacifiste, peut-être avait-il d'autres raisons encore, dont le piètre état de ses finances. D'aucuns, comme d'Andigné, l'ont cru sincère. Et il y eut des moments où il semble l'avoir été : il avait la larme facile, mais elle séchait vite et, plus qu'une simple girouette, c'était l'homme à deux faces qui se montre dans la lettre à Puisaye du 31 décembre 1794 :

Jamais nous ne traiterons. *Nous allons amuser*, et, malgré les obstacles réitérés qui m'entourent, je vais porter la lettre à Canclaux [qu'on pensait acheter] et lier correspondance avec Charette. Le 15 mai suivant, au lendemain de la Mabilais, il rédigera, pour les représentants, l'adresse fameuse à la Convention : Législateurs, nous avons signé la paix, nous ne devons plus faire qu'une seule et même famille, etc. 30.000 livres qu'il a touchées en numéraire, 450000 en assignats l'ont affermi dans ces sentiments pacifistes. Mais une semaine ne sera pas écoulée qu'il écrira du château de Cicé au comte de Silz et au conseil royaliste du Morbihan pour prier l'un de lui envoyer sa signature en blanc, l'autre de différer à se remettre en campagne jusqu'à l'heure du soulèvement général. Quelque pénible que soit la dissimulation, tout nous y contraint, disait la lettre. Et il poussait l'imprudence jusqu'à donner à son correspondant, sur la suscription des dépêches, ses noms et titres nobiliaires.

Le mieux qu'on puisse dire, avec Guillaume Le Jean, d'un tel niais cousu dans la peau d'un Machiavel, c'est que c'est un vaniteux — ambitieux est trop beau pour lui —, qui ne voit dans le commandement d'une province qu'un uniforme à effet, dans la signature d'un traité que l'occasion de parader en musique, — après avoir passé à la caisse, — une variété nouvelle du bourgeois gentilhomme, militaire, diplomate, libertin et profitard, et, pour dernier trait, le seul Chouan de marque — ou de contremarque — que la République ait dédaigné d'envoyer à la guillotine quand elle le tint sous les verrous.

Mais les représentants de la Convention, eux, Bancelin au premier rang, qui, dans les conférences préliminaires au traité de la Mabilais, dirige les débats et trop souvent flotte à leur remorque, sont incontestablement sincères, sincères jusqu'à la candeur : une volonté inébranlable de paix, de rapprochement et de réconciliation des partis, est en eux comme chez Boursault, comme chez Humbert, l'adjoint de Hoche, comme chez Hoche lui-même, si forte qu'elle leur fait fermer l'oreille et les yeux à tous les démentis de l'expérience. Boishardy peut fondre sur Jugon au petit jour, le j6 décembre, y désarmer la garde nationale, brûler les registres de la maison commune, abattre l'arbre de la liberté et s'en retourner vers sa bauge de Bréliant avec deux voitures d'effets pour la 17e brigade ; un poste peut être enlevé vers le même temps sous le fort Penthièvre, à la barbe des canonniers ; Bignan, voir le massacre d'une colonne républicaine dont Cadoudal d'ailleurs renvoya généreusement au général Josnet les onze survivants faits prisonniers ; Basset, le seul clairvoyant des représentants en mission, dans l'Ille-et-Vilaine, peut écrire, à la date du 19 novembre : Depuis deux mois, plus de deux cents patriotes [vingt et un, rien que du 12 octobre au 5 décembre dans le seul district de Fougères, presque tous fonctionnaires publics, précisera la Société populaire] ont été assassinés dans les campagnes. Plusieurs communes ont arboré le drapeau blanc et sont en pleine rébellion. Il est évident qu'un grand feu couve sous la cendre, — rien n'y fait. Et la tentative même de débarquement sur la grève du Palus, en Plouha, le 4 mars 1795, d'une escadrille anglaise chargée d'émigrés et de munitions et appuyée par 1.500 Chouans qui s'étaient retranchés derrière les douves d'une gentilhommière du voisinage, la Ville-Mario, fut impuissante contre l'optimisme d'Humbert et de Boursault : la tentative avait échoué sans doute grâce au chef de bataillon Ménage, et il est vrai que Boishardy, qui négociait au même temps avec eux, était resté étranger à cette affaire et en avait désavoué les auteurs, Tinténiac, Jouette et l'ancien douanier La Roche dit Rodrigue, dont le courage était égal à la scélératesse (Habasque). Ces tractations et les autres qui se poursuivaient sur les deux rives de la Loire avec les divers chefs insurgés aboutissaient le 17 février au traité de la Jaunaie, le 20 avril au traité de la Mabilais, accepté le 2 mai par Stofflet, qui mettaient fin officiellement à la Vendée et à la Chouannerie. A la Mabilais, dans le voisinage de Rennes, bruyante et parée comme pour une fête, où se rendaient chaque soir les membres de la conférence et où Cormartin, en braies blanches à ganse de velours noir, le Sacré-Cœur au côté, le chapelet en sautoir, paradait dans les avant-scènes de la

Comédie au milieu d'un essaim de fascinantes Dalilas, vingt et un seulement des chefs chouans, sur les soixante ou quatre-vingts présents, avaient apposé leur signature au bas du papier : Cadoudal, Guillemot étaient partis les premiers, claquant les portes ; Silz pleurait d'avoir signé. Avec lui, deux encore de ces étranges signataires semblent avoir été de bonne foi : Boishardy chez les Chouans, Stofflet chez les Vendéens. Tous les autres n'ont signé que par nécessité, parce qu'ils n'ont plus ni pain ni poudre, comme Charette, et pour gagner du temps (ce sont les plus honnêtes) ou par vanité et se garnir les poches (Cormartin). Hoche, à l'écart, observait. Le jour de la signature, se promenant avec ses lieutenants Chérin et Krieg aux abords de la Mabilais, il leur fit remarquer deux bandes de corbeaux qui volaient de concert au-dessus de la ferme.

Bientôt, écrit-il à sa jeune femme, elles se séparèrent ; l'une d'elles resta unie et l'autre se divisa. Bons anciens, n'eussiez-vous pas vu là un présage de ce qui doit arriver après la pacification ?

Mais la Convention avait trop exulté à l'annonce de la paix vendéenne et bretonne et pour si plâtrée que fût cette paix, comme il apparut bien vite. Toute la salle, debout, battait des mains, criait : Vive la République ! C'était du délire. On est tant porté à croire ce que l'on souhaite que, malgré les avertissements qui lui arrivaient de Londres et de Bretagne, l'assemblée eût continué de faire confiance aux signataires du traité, si la lettre de Cormartin à Silz, surprise en cours de route et remise aux représentants Brue et Guermeur, ne l'avait brutalement tirée d'un songe où, depuis longtemps, elle était seule à se bercer.

CHAPITRE VIII

LA MORT DE BOISHARDY

IL faut reconnaître, à la louange des représentants, que leur réaction fut aussi foudroyante que la découverte qui l'avait provoquée, et jamais situation ne fut retournée avec plus de promptitude. Cela commence le 26 mai par l'arrestation de Cormartin et de ses lieutenants Solilhac, Jarry, Saint-Gilles, etc., à la sortie du dîner que leur offrait le représentant Bollet. Puis, sans prendre la peine de dénoncer la rupture du traité, Josnet, avec trois colonnes, tombe, le 27, sur le vieux Silz au château de Penhouet, près de Granchamp, et le fait sabrer par ses hussards ; le 30, il déloge à la baïonnette Lantivy-Kervéno des tailles de Saint-Bily et lui tue 250 hommes. Long cri de rage, de vengeance, dans tout le Morbihan et qui se répercute jusqu'aux extrémités des territoires insurgés. Mais on n'était pas sur ses gardes ou on ne l'était pas assez ; mais la poudre manquait et, en faisant fricasser sur une poêle celle, un peu humide, que lui avait remise un bateau anglais. Guillemot, à Dronidan, déterminait une explosion générale qui tuait vingt-deux de ses hommes et le blessait grièvement. Que devenir sans munitions ? Une expédition — l'une des plus audacieuses du genre en raison de la distance à parcourir (trente lieues, presque tout un département) — est décidée sur la manufacture de Pont-de-Buis qu'enlève Lantivy, assisté des bandes de Leissègues, Videlo et du Chélas : comme butin, huit barriques de poudre, et voilà la fusillade rallumée dans tous les fourrés de la péninsule. Cependant Caqueray, avant même la rupture, était cerné et tué près de Redon ; Coquereau, vers Craon ; Tristan l'Hermite et le comte de Geslin, aux environs de Laval ; Doisy, l'adjudant général de Frotté, se faisait prendre près de Caen et le même sort attendait Boisguy près de Fougères, si, prévenu à temps, il n'avait pu s'échapper du piège en démolissant la colonne lancée à sa poursuite. La plus déplorable et la plus innocente victime de ces sanglantes représailles fut sans conteste Boishardy.

Ses hommes croyaient qu'il avait une recette pour enchanter les balles, mais elle ne devait pas valoir celle, si simple, de Jean Rohu, le lieutenant de Cadoudal, qui consistait à réciter chaque matin, en chargeant son fusil, un *De profondis* pour les âmes du purgatoire. Et le fait est que Jean Rohu mourut dans son lit, le 20 août 1849, comblé d'ans et même d'honneurs, bien qu'il fût passé aux gages du préfet Julien, tandis que Boishardy, le sorcier, tomba le 15 juin 1795, aux issues d'un labour, n'étant encore que dans sa trente-troisième année. Trente-trois ans, l'âge du sans-culotte Jésus, l'âge fatal aux révolutionnaires, déclamait devant ses juges Camille Desmoulins. C'est aussi quelquefois — Charette, après Bonchamps et Boishardy, le montrera — un âge fatal aux représentants des anciens partis.

Rien n'a changé dans le Mené, la région intérieure des Côtes-du-Nord où opérait Boishardy : les gentilhommières tapies sous les chênes, les vallées tendues de brume, les landes jaunissantes au flanc des collines rocheuses, les villes même,

Moncontour, Quintin et leurs architectures du temps des Bourbons, tout est intact. Cherche-t-on celui qui, cinq ans, fit la loi dans ce léthargique royaume ? Une croix de pierre, sans fût, enfouie dans le fossé, au bord de la route de Moncontour, s'appelle la croix de Boishardy, mais il faut être du pays pour le savoir. Pas une date, pas un nom. L'anonymat le plus complet. Tristesse.

L'homme qui tomba près de là, devant la brèche du champ de François Verdes, fut pourtant une des gloires de la Chouannerie, et son modèle pour l'esprit chevaleresque, sinon pour la continence, car Souvestre, d'accord avec la tradition locale, lui attribue presque autant d'aventures galantes qu'à Charette, si peu de sa terre au surplus ! D'Elbée, La Rochejacquelein, Bonchamps, Cathelineau, Lescure, à la bonne heure. L'austère vertu du sol vendéen est en eux ; il n'y a pas de femmes autour d'eux ou bien ces femmes sont des mères, des épouses, des sœurs ; la Vendée est une croisade et là seulement, suivant la profonde observation d'Émile Gabory, le nom de saint a pu être donné sans trop d'exagération à un Lescure, le saint du Poitou, ou à un Cathelineau, le saint de l'Anjou. On ne voit point en retour que personne ait songé à canoniser Frotté, fils de protestants et qui lie brûlait que d'un amour modéré pour la foi catholique, ni Tinténiac, le chouan-chevalier, ni Guillemot, le roi de Bignan, le justicier implacable, ni Cadoudal lui-même, ce Danton des bruyères morbihannaises, ni Boishardy, figure plus nuancée, plus complexe peut-être, au moins vers la fin et dont quelques traits tenteront Balzac pour son marquis de Montauran. Mais quoi ! Boishardy, après qu'il a fixé un grand crucifix d'étain au hêtre de son cantonnement, se tient quitte du reste et continue de courir la prétantaine comme devant. Nous ne devons point sans doute une confiance entière à Souvestre qui romançait plus qu'il n'écrivait l'histoire et que des scrupules, parfaitement respectables, inclinaient par ailleurs à modifier certains noms portés encore par des vivants. Mme Catherine, avec son élégant costume de drap bleu garni de brandebourgs, son chapeau à plume blanche, ses bottines à frange d'or et sa carabine incrustée de nacre, surtout son air de Diane adolescente, son goût de l'intrigue et sa passion de l'autorité, n'en a pas moins chez lui, à défaut du nom, tout l'essentiel du caractère que ses plus récents biographes prêtent à Joséphine de Kercadio, Mme Fine, l'amazone de seize ans qui accompagnait Boishardy, quand au petit jour, dans une pommeraie où il avait accroché son hamac, il fut surpris par le détachement du féroce capitaine Ardillas. Du premier coup d'œil, dit Souvestre, on reconnaissait, en arrivant chez Boishardy, celle de ses maîtresses que ses soldats avaient surnommée la Royale. Elle restait sourde aux appels de sa mère, internée à Lamballe et qui la suppliait de la rejoindre, de cesser sa vie de casse-cou ; son emprise était telle sur Boishardy qu'elle l'obligea de l'emmener aux conférences de la Mabilais, où sa présence étonna les chefs chouans réunis à l'appel de Cormartin. La suite des aventures de cette Clorinde armoricaine n'est pas beaucoup faite pour la relever à nos yeux quand on la voit, un an après l'assassinat de son amant et grosse de six mois, convoler en justes noces avec son lieutenant Hervé du Lorin, puis troquer celui-ci contre Benteau, qui deviendra général et baron de l'Empire. Excellent du Lorin, qu'une pension de 300 livres rendit le plus souple des époux ! Après quoi il est malaisé de prendre Joséphine de Kercadio pour une Virginie, une Agnès.

Mais Boishardy, lui, a fait l'unanimité sur son nom. Ce petit gentilhomme campagnard, lancé aux trousses de ses briquets, se révèle, l'occasion venue, un entraîneur d'hommes extraordinaire, tour à tour passionné, mordant, spirituel, en même temps qu'un manœuvrier de buissons sans rival : c'est Achille pour la bravoure et c'est Ulysse pour la fertilité des inventions, comme ce jour où il se rend au marché de Lamballe, dont les gardes nationaux le cherchent partout, un panier sur l'épaule et grimé en marchand d'œufs. Sa tête est mise à prix et il pourrait user de représailles : mais qu'il tienne entre ses mains l'homme qui s'est installé dans son patrimoine confisqué, il se contentera de lui botter les fesses ; qu'un ravitailleur passe, menant des bœufs aux patriotes lorientais, et il lui délivrera un sauf-conduit, ne voulant pas, dit-il en riant, faire main basse sur les bœufs destinés à de pauvres bougres de révolutionnaires qui crèvent de faim. Comment cette franche et loyale nature ce goguenard compagnon, tout en dehors, s'assombrit-il brusquement ? Le fait est là, constaté par d'Andigné et par bien d'autres. D'Andigné avait trouvé Boishardy dans son réduit du Mené, changeant de gîte chaque nuit, pouvant mettre sur pied en vingt-quatre heures douze cents Chouans et retardant toujours de les convoquer.

L'indécision que je remarquai chez lui, observe d'Andigné, me laissait des inquiétudes... Hoche n'avait rien négligé pour se l'attirer. L'espèce de nonchalance à laquelle il s'abandonnait semblait un pressentiment du sort qui l'attendait. Deux jours après notre entrevue, il fut surpris et massacré.

En somme, si d'Andigné dit vrai, Hoche, auquel il faut ajouter Humbert, avait réussi à troubler cette conscience jusque-là si limpide et non pas sans doute à la gagner aux idées républicaines, mais à la rendre quelque peu perplexe sur ses obligations de Français. Au lendemain de la Mabilais, à la veille de Quiberon, où était le devoir ? En attendant, Boishardy et Joséphine songeaient à régulariser leur liaison ; la bénédiction nuptiale devait leur être donnée, la nuit suivante, dans une chapelle de la montagne : un traître, dit-on, les vendit, le propre domestique de Boishardy, suivant Alphonse Beauchamp, qui, si près des événements (1805), nous étonne encore par la sûreté de sa documentation et l'ordre relatif qu'il sut introduire dans l'un des plus extraordinaires imbroglios de l'histoire.

En réalité, Charles — nom ou prénom supposé de ce traître — n'a pas révélé son identité : on croit reconnaître en lui un jeune garçon de dix-sept ans, épave du désastre vendéen, recueilli par Boishardy et confié par lui à la femme d'un de ses partisans, Carlo, le métayer du Vaugourio. Une autre femme, celle qui épinglera le drap du mort, s'appelle Madeleine Caro. Charles, Carlo, Caro, singulière rencontre de noms presque identiques. L'homme, quoi qu'il en soit, semble bien n'avoir pas agi de sa propre initiative et pour son propre compte ; il put bien n'être que l'instrument d'une vengeance féminine, dénoncée par Souvestre et provoquée par l'arrogance de la Royale. La Vendée est une eau claire ; nul remous, nul limon en elle : la Chouannerie reste la grande chose obscure dont parlait Barbey d'Aurevilly. Toutes sortes de passions y remuent. Les quelques lueurs projetées sur ce grouillement font apparaître trop d'inquiétantes silhouettes féminines telles que cette Le Tellier de Vaubadon, descendante de Tourville, étrennant dans une avant-scène de Bayeux un cachemire rouge, prix du sang de d'Aché, ou cette marquise du Grégo, jeune, belle, irritante, qui livre à Hoche pour rien, pour le plaisir, le plan des émigrés et passe de ses bras, ivre de dénonciations, dans ceux de ses généraux. Qu'avait-elle à venger, celle-là, dont le mari va conduire la colonne détachée de Quiberon et se fera tuer, peut-être de dégoût, quand il connaîtra les trahisons de sa femme ? La Révolution, qui avait commencé par envoyer des bouchers contre la Vendée et les Chouans, n'eut pas à regretter son changement de tactique et d'avoir délégué à la pacification de l'Ouest ses plus beaux fils, ce Humbert et ce Hoche qui n'avaient qu'à paraître pour troubler le cœur des femmes. La Tour d'Auvergne les connaissait bien, le premier du moins, auquel il écrivait, le 15 ventôse an VIII :

Comme vous cajolez, mon aimable général ! Avec ce doux langage, que de conquêtes vous devez faire au milieu de nos très intéressantes, mais trop crédules petites Bretonnes !

Hoche est plus redoutable encore. A Moncontour, où il descend chez Mme Latumier du Clézieux, qui fit sur lui et reçut peut-être de lui la plus forte impression, il se rencontre avec Boishardy, que cette dame, extrêmement belle et vertueuse, n'avait pas toujours laissé lui-même indifférent. Les assassins du chef chouan le savaient-ils ? Croyaient-ils flatter ou venger Hoche ? A quel sentiment donc auraient-ils obéi quand, après avoir promené la tête de Boishardy au bout de leurs baïonnettes, ils vinrent la déposer sur le bord de la fenêtre de Mme du Clézieux pour qu'elle l'aperçût à son lever, toute sanglante et les yeux éteints ? Cependant, dit Levot, l'homme, le Charles ou Carlo qui livra Boishardy, exploitant la trahison sous toutes ses formes, eut plus tard des relations avec le cuisinier qui fut soupçonné d'avoir empoisonné Hoche. C'est comme une spirale ténébreuse qui se déroule....

CHAPITRE IX

QUIBERON

LE 25 juin 1795 au matin, le commandant de la demi-brigade d'Auray, Roman, reçut avis qu'un grand mouvement se remarquait en direction de Carnac. Ce n'étaient plus les habituels sillages, les rampements furtifs dans les herbes aux heures troubles d'entre chien et loup : trente paroisses déménageaient. Les routes elles- mêmes, en plein jour, étaient encombrées de charrettes cahotantes et grinçantes sous le poids du mobilier qui s'y empilait, de troupeaux de bœufs et de moutons que leurs conducteurs des deux sexes poussaient devant eux, de croix paroissiales, de calices et de saints sacrements tirés de leurs cachettes et portés ostensiblement, à bras d'homme. Chose plus grave, des bandes armées escortaient ce déménagement pareil à un exode de peuple roulant vers la mer, comme si toute la Bretagne croyante, derrière ses prêtres, reprenait le chemin par lequel elle était venue autrefois des côtes de Cambrie et du Cornwal, chassée par les invasions saxonnes. Que signifiait cela ? Roman n'ignorait pas qu'une expédition franco-anglaise cinglait vers un point du littoral, mais ni lui, ni personne, pas même la petite Lise, déjà peut-être au service de Hoche et si experte à confesser les gens, ne savait au juste lequel : le 22 juin, après avoir essayé de barrer la route à l'escadre de lord Bridport qui précédait le convoi, Villaret-Joyeuse s'était heurté dans les eaux de Groix à toute la flotte britannique commandée par sir John Borlase Warren sur qui s'était replié Bridport. Quelques volées le balayèrent. La route était libre et, le 25 au matin, la flotte britannique se présentait devant Quiberon ; le soir elle y mouillait sur rade. C'est à sa rencontre que se portait la migration de peuple signalée à Roman qui tenta bien, avec 900 hommes — tout ce qu'il put rassembler, — de couvrir Carnac, dont le poste, très faible d'ailleurs, ainsi que celui du tumulus Saint-Michel, relevait de son commandement. Mais les deux postes étaient déjà tombés. D'Allègre et Bois-Berthelot avaient pris Carnac ; Tinténiac et Rohu, la butte Saint-Michel, au haut de laquelle, faute d'étamine fleurdelysée, Tinténiac hissait à la drisse du pavillon un drapeau blanc taillé dans sa chemise. Cadoudal et Mercier *La Vendée* accouraient ; ils avaient reçu quelques jours auparavant des armes et des munitions par d'Allègre et Bois-Berthelot que leur avait dépêchés Puisaye sur une frégate : pour regagner Auray avec les débris de sa colonne, Roman dut se faire jour à la baïonnette. Il trouva dans Auray les cent cinquante hommes du poste Sainte- Barbe qui, sans attendre l'attaque, s'étaient repliés : la défense de la presqu'île n'était plus assurée que par ses garnisons intérieures, Quiberon, Orange, Beg-Rohu, le Fort-Neuf, surtout le fort Sans-Culotte, ci-devant Penthièvre. Mais ces forts et fortins ne paraissaient guère en état ; leurs batteries portaient tout juste à 400 mètres. Pas de vent, une mer sans ride : le débarquement des troupes franco-anglaises sur la plage de Carnac pouvait s'opérer sur l'heure en toute sécurité.

Puisaye était donc parvenu à ses fins. Là où le marquis du Dresnay, Frotté, La Robrie, Mallet du Pan, Botherel, Mgr de La Marche, dix autres s'étaient vus rebutés, son génie informé, les merveilleuses ressources de sa diplomatie enveloppante, lui ouvraient tout de suite les bourses et les cœurs : dès le 15 octobre 1794, le comte d'Artois reconnaissait Puisaye comme lieutenant général au service du roi de France de l'armée catholique et royale de Bretagne ; en décembre de la même année, Wendham et Pitt adoptaient son plan d'intervention franco-anglaise ; un moment désarçonné par la nouvelle des traités de la Jaunaie et de la Mabilais, puis mieux renseigné sur la valeur de ces engagements, l'habile homme remontait bien vite en selle et y faisait remonter avec lui les ministres anglais dans l'esprit desquels l'Agence royaliste de Paris travaillait vainement à le ruiner. Tout semblait céder à ses désirs et il n'y avait pas d'obstacle qu'il ne parvînt à surmonter ou à tourner : au mois de mai 1795, la première division française de débarquement — cinq régiments dont un, le Royal-Marine ou régiment d'Hector, comprenant l'élite de nos anciens officiers de vaisseau — était sur pied, les cadres au complet, l'artillerie approvisionnée, les uniformes — aux couleurs des deux nations — distribués : tricorne, veste, pantalons blancs et casaque rouge à cocarde blanche ; la souplesse, l'entregent de Puisaye avaient eu raison de la jalousie et de l'esprit individualiste de ces gentilshommes dont pas un ne voulait céder à l'autre et ne se sentait apte aux grades inférieurs, mais qui acceptèrent comme une transaction honorable de former un corps de volontaires ; on avait comblé les vides — les trop grands vides — de certains régiments avec des prisonniers républicains, grave faute, cette fois, l'enrôlement ne s'étant pas fait de bon gré, mais sous menace, de l'aveu même de l'émigré Berthier du Grandry ; la flotte britannique destinée à débarquer ces corps sur le continent et à les soutenir du feu de ses canons était la plus imposante qui se fût depuis longtemps réunie à Portsmouth — près de cent voiles — ; la masse de vivres, de munitions, de harnachements, de matériel, dont elle sera frétée cap et queue, étonnera justement les républicains qui devront mobiliser pendant quinze jours 4.000 chariots pour l'emporter ; Puisaye enfin, le 6 juin, recevait officiellement du ministre de la Guerre Wendham le commandement en chef de cette expédition pour le succès de laquelle l'Angleterre n'avait rien ménagé, bien loin qu'elle ait nourri le ténébreux dessein de la faire échouer. Seulement, comme il fallait tout prévoir, la capture ou même la mort de Puisaye, un adjoint militaire, le comte d'Hervilly, lui était donné qui, d'après Wendham, ne devait avoir que le rôle et les pouvoirs de second et qui, par l'inadvertance, selon les uns, par la fourberie du gouvernement anglais, selon les autres, se révéla, au cours de la traversée, investi d'une autorité égale à la sienne. L'expédition, en un mot, avait deux têtes : dès ce moment, elle était perdue.

Pour dégager la responsabilité des gouvernants anglais, Gabory, qui le premier a étudié sur place les documents, met eu cause cette singulière Agence de Paris que Puisaye, soupçonné tour à tour de préparer les voies du trône au comte d'Artois, au duc de Chartres ou même au duc d'York, avait trouvée contre lui dès la première heure. Il est certain que l'Agence royaliste ne négligea rien pour faire échouer l'expédition et qu'elle y réussit assez bien ; il est certain encore que d'Hervilly était sa créature. Quand tant d'autres noms éclatants de l'ancienne armée pouvaient être proposés à l'agrément des ministres, comment, disent les puisayistes, était-on allé leur préférer ce petit officier de détail, routinier, formaliste, empêtré de théories archaïques et ne retrouvant quelque souplesse que dans l'intrigue, brave sans doute, même un peu bretteur, dont le plus beau titre, et peut-être le seul, était d'avoir refusé de crier à Nantes, devant l'émeute : Vive la Nation ! sans ajouter : Vive le roi ! Le fait de s'être employé antérieurement, comme aide de camp du comte d'Estaing, au service des insurgents d'Amérique ne lui conférait pas une expérience particulière du commandement, et ainsi en jugèrent d'ailleurs un certain nombre d'officiers supérieurs, tels que le comte d'Hector, le duc de La Châtre, le marquis du Dresnay, qui préférèrent demeurer en Angleterre plutôt que de se plier aux ordres d'un subalterne sans vertu, esprit ni renom.

Mais tout d'abord d'Hervilly n'était point le petit officier qu'on dit : sa noblesse balançait au moins celle d'Hector que Puisaye avait eu grand soin d'écarter, à cause de ses sympathies pour Charette, et qui était trop vieux d'ailleurs ; d'Andigné lui-même, tout en contestant que d'Hervilly eût jamais vu brûler une amorce, reconnaît qu'il avait la théorie de son métier et que sa fermeté en quelques circonstances lui avait créé une certaine réputation ; ce n'était point non plus un homme sans clairvoyance que celui qui, le 2 mai 1795, mettait en garde les ministres anglais contre l'enrôlement forcé des prisonniers républicains et témoignait le sentiment de peine infinie que la mesure lui avait causée : cette raclure de pontons ne le rassurait point et c'est introduire dans nos rangs un ennemi, écrivait-il prophétiquement. Et il eût préféré que tant qu'à expédier un corps de sept ou huit mille réguliers en Bretagne ou en Vendée, le cabinet de Saint-James patientât un peu jusqu'à ce qu'on eût assez d'émigrés pour composer ce corps. Était-ce si mal raisonner même pour un homme à la dévotion de l'abbé Brottier ? Quand il serait vrai enfin — ce qu'on peut admettre — que cet homme ait surpris la confiance de Pitt et de Wendham, il resterait encore à expliquer qu'ils aient pu lui délivrer une lettre de commission si notoirement limitative des pouvoirs qu'ils conféraient dans le même temps à Puisaye. Parler de grattage, de suppression, de maquillage possible de la lettre ministérielle, voire de son remplacement par un autre texte, n'est point de nature à satisfaire, quand on sait la prudence des bureaux britanniques et le nombre de visas officiels qu'y doivent recevoir les moindres pièces. Le document a disparu sans doute avec d'Hervilly, mais un duplicata devait se trouver dans les archives. S'il a disparu, comme l'original, c'est peut-être que ceux dont il émanait tenaient faiblement à sa divulgation, et le plus vraisemblable en somme n'est-il point que l'Agence royaliste de Paris, qui avait réussi à imposer d'Hervilly à Pitt, était aussi parvenue à lui faire accepter, comme une mesure de sûreté, la dualité de commandement ? Se surveillant l'un et l'autre, d'Hervilly et Puisaye n'entreprendraient rien de contraire aux intérêts anglais. Bonne raison. Wendham, mieux disposé pour nous que Pitt, y fut-il lui- même insensible ? J'aurais dû trancher la ligne du commandement, avouera-t-il plus tard au comte de La Fruglaye. C'est moi le coupable. Quoi qu'il en soit du mobile auquel obéirent Wendham et Pitt, les conséquences de cet inepte régime ne furent pas longtemps à se faire sentir : pressés à l'avant des navires, impatients de fouler cette terre de la patrie que tant d'entre eux, vétérans des guerres de Sept Ans et d'Amérique, désespéraient de revoir jamais, les gentilshommes du corps expéditionnaire eussent volontiers enjambé les bastingages pour être plus tôt à destination. Puisaye partageait leur impatience : il comptait sans d'Hervilly, fort âcre, dit Vauban, qui exhibe pour la seconde fois — il l'avait déjà fait en cours de route — sa lettre de commission. Puisaye se récrie. D'Hervilly tient bon. Tinténiac et Bois-Berthelot qui surviennent joignent leurs instances à celles de Waren, désireux de mettre à profit l'absence de vent, le calme des eaux. D'Hervilly n'en démord pas, et le 27 au matin seulement, après avoir passé la journée de la veille à promener sa lunette sur les criques, les roches, les moindres accidents d'une côte où, sauf à Penthièvre, ne se découvrait aucun ennemi sérieux, il se décide à donner l'ordre de débarquer. Entre la Mer Sauvage si bien nommée qui le bat vers l'Ouest et la baie si plane, si lisse, où est mouillée la flotte anglaise, s'allonge une sorte de grand appendice granitique, ancien îlot devenu presqu'île par le colmatage graduel de la chaussée de galets et de sable qu'y a formée le jeu des marées : c'est Quiberon et sa falaise ; en face, vers la terre, par delà le moutonnement des dunes, s'étagent ou se détachent des collines hérissées de frustes stèles funéraires, des pitons isolés recouvrant des chambres sépulcrales, un pays d'ombres gardé par des monstres de pierre et dont on redouterait l'approche, n'était la flèche des clochers qui pointe par endroits d'un pli du sol sans parvenir à dissiper complètement l'impression de malaise causé par ces présences souterraines et par cette faune mégalithique : c'est Carnac, ses *tumuli* et ses alignements. D'Hervilly, homme de goût, doit pester d'opérer dans un pays si peu racinien. Formaliste et tatillon de son naturel, on dirait qu'il raffine encore sur sa méticulosité ordinaire pour obéir aux instructions de l'Agence royaliste qui lui ont bien recommandé de veiller à n'agir que sous sa *responsabilité personnelle*, de n'avancer dans l'intérieur que lorsqu'il serait sûr du concours de tous et de laisser ainsi le temps à M. de Puisaye de *démasquer ses plans*.

Ce dernier point était peut-être la grande affaire. Peu confiant par ailleurs et dès l'origine dans le succès d'une expédition numériquement trop faible et où l'on avait fait entrer tant d'éléments indésirables, d'Hervilly conçut des doutes plus grands encore à l'aspect des bandes hirsutes au milieu desquelles il tombait : quand il s'attendait à trouver des hommes alignés sur deux rangs, la giberne au dos et lui présentant les armes, c'est dans les savanes du Nouveau-Monde qu'il crut avoir remis le pied. Le pays et l'habitant lui parurent en harmonie parfaite : cela chantait, hurlait, trépignait, brandissait des fourches et des matraques, touchait ses gris-gris, chapelets, scapulaires, médailles bénites, et plongeait soudain dans une sombre torpeur. Beaucoup étaient ivres sans doute, de joie plus que d'alcool. Mais la suite ne vaudra pas mieux et, à peine en possession des fusils calibrés qu'on leur apporte, ces sauvages se mettront à déchirer les cartouches et à faire parler la poudre sans nécessité, pour le plaisir. Un vrai feu roulant, dit Berthier du Grandry et qui dura tout le long du jour, nonobstant la défense qui leur en fut faite et réitérée. L'impression fâcheuse qu'en éprouvèrent Berthier et ses amis fut évidemment partagée par d'Hervilly, bien vite persuadé que le concours de telles bandes serait plus nuisible qu'utile à ses régiments. Avant de les employer, il fallait les dégrossir, les équiper, les instruire. Cela prendrait du temps. D'Hervilly à Quiberon, c'est Trochu au siège de Paris : ni l'un ni l'autre ne croient aux armées improvisées ; l'un et l'autre, pour les mêmes raisons, se refuseront à la grande trouée que réclament les braillards. Puisaye, comme Gambetta, y perdra sa peine. Moins impressionnable ou moins ondoyant et passant outre à l'opinion des émigrés, il eût exécuté séance tenante d'Hervilly. Ainsi en eussent agi Guillemot et Cadoudal : Puisaye préféra recourir à Londres, y détacher un cutter de l'escadre pour demander à Wendham de prononcer entre d'Hervilly et lui. Quand la réponse arrivera — par Sombreuil, — la partie sera si bien compromise qu'on pourra l'estimer perdue.

Cependant la foule campée en plein air autour de Carnac, à l'ombre de ses mystérieux alignements, n'y comprenait rien : elle attendait depuis deux jours les libérateurs qui lui étaient annoncés et qu'un mot d'ordre inexplicable retenait sur leurs vaisseaux. Ils se détachèrent enfin du bord vers la grève de Por-en-

Drou, tout de suite couverte de peuple, les contingents de Royal-Louis et du Royal-Émigrant dans les premières chaloupes, et ce fut à leur approche un déchaînement de joie paysanne comme il ne s'en était jamais vu ; on criait à tue-tête Vive le roi ! Vive la religion ! les seuls mots de français que la plupart connussent. On pleurait, on riait en même temps ; on tendait les mains vers les chaloupes ; on fendait l'eau pour les haler sur le sable ; on s'attelait aux canons ; on eût porté les arrivants en triomphe, s'ils se fussent laissé faire. Mais eux, les émigrés bretons surtout, avides de retrouver leurs pierres grises et l'odeur des bruyères natales, se jetaient à genoux en débarquant pour baiser et respirer cette terre âpre dont ils rêvaient dans l'exil. Spectacle plus touchant encore : d'une des chaloupes descendit une compagnie de vieux officiers, tous chevaliers de Saint-Louis, dont l'insigne était suspendu à leur cou par un simple ruban de laine, faute d'avoir pu s'en acheter un de soie. Ils portaient le mousquet et touchaient la paye de simples soldats ; le moins âgé comptait cinquante ans et leur capitaine, M. de Rossel, en déclarait fièrement soixante-douze.... Où l'émotion fut à son comble, c'est quand parut l'évêque de Dol, Mgr de Hercé, vénérable vieillard à cheveux blancs, mitré, la crosse en main, et qu'assistaient quarante prêtres en vêtements sacerdotaux : d'un même mouvement toute cette foule se prosterna, fléchit la tête pour recevoir sa bénédiction. Cinq ou six mille Chouans des nouvelles levées, derrière elle, dans la même attitude, contrastant avec la frénésie des démonstrations auxquelles ils se livraient naguère, présentaient au geste du prélat leurs massives encolures, comme ces hordes de fauves qui se courbaient, dit-on, à la voix de l'ermite Hervé. Le marquis de Talhouet-Bonamour, détaché par l'Agence de Paris, n'avait pu les convaincre de rentrer dans leurs foyers. A toutes ses objurgations, ils répondaient par le silence ou en montrant l'horizon plein de sinistres rougeoiements : le bruit courait que Crublier, qui en avait fini avec Boishardy, approchait, et, sachant le sort que ses troupes réservaient à leurs pauvres ménages, ils s'étaient hâtés d'en distraire le plus précieux, coffres, armoires, crucifix, pour le mettre, avec leurs troupeaux, sous la protection de l'armée royale. Peut-être, comme les clans vendéens dans l'exode sur Granville, méditaient-ils d'emporter avec eux ces signes de la patrie jusqu'à Rennes, sous les murs de Paris au besoin. Car il n'y avait pas à craindre cette fois que la marche en avant fût arrêtée et se changeât en déroute : les villes n'attendaient même pas d'en être sommées pour se rendre ; Auray, la première, arborait le drapeau blanc, et sa garde nationale, commandée par le notaire Glain, accourait se donner à Puisaye. Exemple que suivraient les gardes nationales des autres villes : les 4.000 hommes de l'armée royale et les 10.000 Chouans des trois divisions morbihannaises commandées par Vauban, Tinténiac et Bois-Berthelot, avec d'Allègre, Cadoudal, Mercier, Jean Jan et Lantivy-Kerveno pour lieutenants, seraient 50.000 dès Ploërmel, 80.000, affirmait généreusement Puisaye à Pitt. Et comment Hoche, en effet, eût-il pu briser l'élan d'un tel mascaret ? Ses troupes éparpillaient leurs colonnes le long de la côte, qu'il ne pouvait songer à découvrir complètement : Chabot devait défendre Brest jusqu'à la mort, Aubert-Dubayet Saint-Malo, Canclaux Nantes ; tout au plus si les deux derniers pouvaient lui prêter quelques maigres bataillons, tandis que Chérin battrait le haut pays, avec ordre d'y ramasser tout ce qu'il trouverait pour en former à Rennes un corps de six ou sept mille hommes, — Rennes suprême boulevard de la résistance, Rennes où, Hoche le croyait comme Puisaye, se déciderait la terrible partie. L'arrivée de la flotte anglaise devant Quiberon l'avait évidemment surpris et il devait l'attendre sur un autre point de la côte, puisqu'en doublant les étapes lui-même n'arrivait à Vannes que le 27 au soir, trop tard pour empêcher le débarquement. 400 fantassins, 30 cavaliers, c'est tout ce dont il disposait : il essaie pourtant avec eux, le 28, de pousser jusqu'à Auray et ne va pas plus loin que Pontsall : les Chouans de Bois-Berthelot barraient la route. Il les culbute sans trop de peine, mais suspend la poursuite, craignant d'être débordé, et rentre à Vannes un peu moins inquiet après cette pointe téméraire qui lui a permis de se rendre un compte approximatif des forces de l'ennemi : néanmoins il alerte le directoire du département et l'invite à rassembler d'urgence ses fonds, ses papiers, pour le suivre éventuellement vers l'intérieur. Lorient reçoit pareille invitation. Mais, le lendemain, le surlendemain, ni les troupes chouannes, ni l'armée des émigrés n'ont esquissé le moindre mouvement : au lieu de foncer en avant, de bourrer, comme dira Foch à la Marne, elles demeurent l'arme au pied. Et cependant les renforts arrivent à Hoche : voici Josnet, voici Drut, voici Mermet, voici Humbert, demain Lemoine, Valletaux. Le 30 juin, Hoche avait déjà deux mille hommes sous la main, qui, dans quatre jours, seront treize mille. La situation commence à se retourner et, puisque l'ennemi ne bouge pas et lui laisse tout le temps d'opérer sa concentration, Hoche ne songe plus à retraiter ; il entrevoit que la décision pourra être obtenue sur place ; il prend ses dispositions en conséquence, fait battre le rappel partout, dépêche jusqu'à la Convention pour réclamer de nouvelles troupes — de la cavalerie particulièrement dont il dit avoir grand besoin — et vers les représentants pour demander du pain dont il a plus besoin encore. Car on est terriblement rationné dans l'armée des Côtes de Brest : vingt onces de gruau par jour, et le soldat, que talonne la faim, maraude, pille, torture un peu, si l'on résiste, égorge tout à fait, si l'on s'obstine. Tallien, à défaut de farine, dont on manque à Paris autant que dans le Morbihan, lui apportera de l'eau-de-vie — par tonneaux : on ne sait pas encore que l'alcool est un aliment, mais on fait comme si on le savait. Et, en dernier recours, pour enlever ses hommes. Hoche n'a qu'à leur montrer dans le camp royaliste les immenses réserves de provisions débarquées par la flotte anglaise et à leur dire comme Bonaparte aux troupes d'Italie : Tout cela est à vous. Vous n'avez qu'à le prendre. Dès le 30, il fait attaquer Tinténiac à Landévant par les bataillons faméliques de Josnet qui lui enlèvent ce poste avancé ; Bois-Berthelot, à son tour, est débusqué d'Auray qu'il reprendra, comme Tinténiac, en traversant à la nage deux bras de mer, reprendra Landévant, mais d'où Mermet le délogera définitivement le 3 juillet. l'un et l'autre, le premier surtout, trop en flèche, ne pouvaient résister sérieusement s'ils n'étaient épaulés par quelques bons éléments fie troupes soldées. D'Hervilly leur fit espérer trois ou quatre centaines de grenadiers et n'envoya rien. Il n'est pas guéri encore de ses préventions contre les Chouans, préventions à peu près générales, on le sait, chez les émigrés du corps de débarquement, et ni lui ni eux n'en guériront de sitôt. Ce bon chrétien de Jean Rohu, un peu enclin à la bouteille comme tous les Bretons et qui se garda honnête tant qu'il put boire à sa soif, raconte que Georges — on commençait d'appeler ainsi Cadoudal — l'avait envoyé porter un message à d'Hervilly, au bourg de Carnac. Il vidait chopine dans l'antichambre, en attendant la réponse du général, quand survinrent deux émigrés qui tournèrent curieusement autour de lui et dont l'un dit à l'autre :

— Qu'est-ce que cela ?

— Un Chouan apparemment. On ne voit que cela ici.

— Prenez patience, messieurs, dit Jean Rohu en se levant : avant longtemps vous en verrez d'une autre couleur plus que vous ne voudrez.

Des hommes qui ne savent pas marcher au pas, qui ignorent les secrets de la charge à douze temps, qui n'ont pour uniformes qu'une cocarde et un chapelet, n'étaient pas des soldats pour les émigrés. Des égaux encore moins. Le matin du débarquement, tandis que Mgr de Hercé célébrait en plein air, pour Puisaye et ses Chouans, une messe d'action de grâces où l'on acclamait le nouveau roi — on avait appris en cours de route la mort du petit Louis XVII —, les émigrés allaient entendre une autre messe à l'église de Carnac — une messe noble, commandée par d'Hervilly. Entre ces défenseurs d'une même cause, dont les uns avaient retrouvé toute leur morgue de caste et dont les autres sentaient gronder en eux la vieille passion égalitaire qui fait le fond du caractère armoricain, le malentendu ne pouvait que s'aggraver ; des mots aigres s'échangeaient, prélude de rixes prochaines. Puisaye devait courir des uns aux autres et, quand tout le pressait d'agir, dépenser ce qui lui restait d'autorité à régler de mesquins conflits d'amour-propre. Mais, enfin, puisque d'Hervilly, contestant la valeur des troupes chouan nés, refusant même de les assister et estimant sans doute que leur salut ne valait pas les os d'un de ses grenadiers, s'entêtait à ne pas sortir du quadrilatère de Carnac, au moins fallait-il qu'il n'eût point à son flanc cette menace de Quiberon, sur les redoutes duquel flottaient toujours les odieuses couleurs de la République. Sans-Culotte surtout, clef stratégique de la presqu'île, inquiétait Puisaye.

— Finissons-en, prenons-le, proposait-il.

— Nous n'avons pas d'artillerie de siège, répondait d'Hervilly qui eût tenu pour messéant de faire tomber une place contre les règles.

Les canons de l'escadre anglaise, par grand'chance, suppléèrent à l'indigence de l'armée royale : Quiberon, le Beg-Rohu, etc., dès la première bordée, s'étaient rendus ; Sans-Culotte, plus copieusement bombardé, en fit autant après un semblant de résistance (3 juillet). On récompensera Warren de son concours en levant dans la presqu'île un régiment de cavalerie à son nom, hommage doublement agréable à ce marin et à ce sportif qui assiste à nos batailles comme à un match et ne dédaigne pas d'y lancer lui-même la balle. En réalité Sans-Culotte, faute de vivres, fût tombé tout seul. Mais, pour décider d'Hervilly à cueillir cette proie facile, il n'avait pas moins fallu que la chute définitive d'Auray et la peur d'être pris entre deux feux : huit jours s'étaient passés en conférences, harangues, parades et autres fariboles ; docile aux instructions de l'Agence royaliste, d'Hervilly suspendait toute offensive, laissait écraser sans scrupule, sinon volontairement, Tinténiac, Bois-Berthelot, Vauban. Et Puisaye, de son côté, qui avait fait arborer les couleurs britanniques à côté des couleurs françaises sur le fort Sans-Culotte redevenu Penthièvre — détail relevé avec soin par d'Hervilly, — commettait l'insigne folie d'enrôler dans l'armée royale les deux tiers de la garnison, quatre cents soldats, que, pour comble d'imprudence, il maintenait à leur poste après les avoir harangués. Leur adjoindre quelques éléments de la Châtre et de Royal-Louis sous les ordres de M. de Folmont remplaçant le commandant Maire, était-il une garantie suffisante et comment d'Hervilly, cette fois, ne s'interposa-t-il pas ? Mais son régiment à lui-même, qu'il avait levé et qui portait son nom avant de reprendre celui de Royal-Louis, était bourré d'anciens pensionnaires des pontons anglais. On se perd dans ces contradictions.

— Messieurs, avait dit Puisaye aux émigrés, une fois maîtres du fort, nous filerons sur Rennes. Il n'était que temps en vérité. Un morne découragement avait succédé chez les Chouans à l'enthousiasme des premières heures : ces guerriers de talus, qu'on ne trouvait dignes d'être secondés ni par l'artillerie, ni par les troupes de ligne (Rohu) et dont l'attitude au feu déroutait tous les principes, se lassaient à la longue d'être un simple objet de curiosité pour les lorgnettes des émigrés. Seuls Puisaye, Tinténiac, Bois-Berthelot, d'Allègre, Lantivy et quelques autres, qui avaient bataillé avec eux sous les fourrés, estimaient à son juste prix leur tactique de primitifs, leur science innée de l'embuscade et de la surprise ; mais Puisaye, en grand crédit chez les Chouans, n'en avait presque aucun chez les émigrés, et Contades lui-même, son major général, le brocardait et chansonnait par derrière. D'Hervilly, à peine Quiberon entre ses mains, s'était hâté d'y transporter son quartier général et son artillerie : il se trouvait là comme dans une place forte, un camp retranché de tout repos, un Gibraltar royaliste et qui lui donnait moins que jamais l'envie de bouger. Il ne rejeta point cependant le plan d'offensive de Puisaye ; il fit même semblant d'y abonder, mais en différa autant qu'il put l'exécution et, finalement, sous prétexte de faciliter la jonction des forces royalistes en vue de l'attaque imminente, ordonna aux divisions chouannes de se replier entre Ploërmel et Carnac : elles devraient tenir sur ces nouvelles positions jusqu'à la dernière extrémité, le dos à la mer, la gauche seule de Vauban communiquant avec la presqu'île. Singulière façon de comprendre la percée, remarque Gabory. Mais d'Hervilly l'avait-il jamais voulue ?

On en peut douter. Il reste que rien mieux que ces atermoiements ne pouvait servir les desseins de Hoche, nullement insensible, comme on l'a dit, à la perte de la presqu'île et qui augurait plus favorablement de la fermeté du commandant Delise à Quiberon et du commandant Maire à Sans-Culotte, mais qui n'en poussait qu'avec plus de vigueur le rassemblement et le regroupement de ses forces. D'Hervilly était en l'occurrence son meilleur lieutenant, son plus actif auxiliaire : le temps qu'il lui accordait si généreusement, Hoche, désireux d'en finir d'un seul coup, l'employait à étoffer par tous les moyens ses minces effectifs : les renforts ne lui arrivaient pas assez vite à son gré, bien qu'il en reçût d'un peu partout, même de l'armée royale où les signes de dislocation commençaient d'apparaître ; chaque jour l'immense lande de Lanvaux, choisie comme point de concentration, se hérissait de nouvelles baïonnettes. Hoche pressait l'envoi de cinq mille autres qu'il attendait de Laval, quand il apprit le recul de Vauban et des divisions chouannes : il ne leur laisse même pas le temps de s'organiser sur leurs positions de repli et, le 6 au matin, à son signal, toute l'armée bleue dévale sur trois colonnes vers Erdeven, Ploërmel et Carnac. Humbert commandait la première colonne, Valletaux la seconde, Lemoine la troisième. Un raz de marée républicain, méthodique et irrésistible, remplaçait le raz de marée royaliste annoncé et toujours différé, et son approche, comme celle des grands cataclysmes naturels, était signalée par une fuite éperdue de la population. Gagnés de panique, les émigrants des campagnes voisines, qui étaient venus quelques jours auparavant, avec leurs meubles et leurs bestiaux, chercher un asile dans les lignes royalistes, poussaient des cris aigus et ajoutaient à la confusion : ils tournaient sur eux- mêmes, ils ne pouvaient songer, dit l'abbé Le Garrec, à percer les lignes ennemies qui, d'heure en heure, se resserraient autour d'eux plus épaisses ; ils ne se résignaient pas non plus à s'engager dans [cette partie étranglée de l'isthme qu'on appelle] *la falaise*, au delà de laquelle ils ne voyaient que la mer. Leur unique espoir était dans d'Hervilly qui devait se porter avec deux régiments, Royal-Louis et Royal-Émigrant, sur Plouharnel, mais qui, après un commencement d'exécution, et quand les trois divisionnaires chouans se raidissaient pour lui laisser le temps de déboucher, faisait reprendre à ses troupes le chemin de la presqu'île, sans avoir brûlé une amorce. Puisaye, confondu, désemparé, qui le cherchait partout, sur la chaussée du Bégo, sur les retranchements de Sainte-Barbe, l'aperçut enfin du haut de la dune qui rentrait, l'arme au bras, sous la poterne du fort Penthièvre. Mais d'autres que Puisaye l'avaient vu. Pourquoi ce monstre [ou ces monstres] n'a-t-il pas été englouti dans la mer avant d'arriver à Quiberon ? se serait écrié Georges. Et Vauban, définitivement édifié sur son chef, parlait de le faire traduire en conseil de guerre pour haute trahison.

De toute façon la retraite s'imposait, et elle ne pouvait se faire que vers la presqu'île. Elle s'exécuta d'abord en assez bon ordre, le feu des échelons alternant avec des retours offensifs à la baïonnette vigoureusement menés. Mais ensuite ce fut la ruée. Il ne restait plus en action que le bataillon d'Auray cantonné au manoir de Kergonan où on l'avait oublié et, derrière les troupes chouannes, trente mille fuyards des deux sexes, femmes, enfants, vieillards, ecclésiastiques, se lançaient par l'anse de Plouharnel avec leurs troupeaux, leurs charrettes, leurs vaisseaux saints, vers l'espèce de goulot que forme la falaise à cet endroit. La mer montait, mais l'anse n'était pas encore couverte et la fusillade se rapprochait, quand par bonheur survinrent Jean Rohu et ses marins, les meilleures troupes de la division Tinténiac, retraitant de Sainte-Barbe dont elles occupaient le retranchement. Leur chef, chargé de l'arrière-garde, les fit s'établir en crochet défensif devant l'anse jusqu'à ce que la mer eût fini sa montée. Cette généreuse diversion, attribuée par d'autres à Georges, mais justement revendiquée par son lieutenant, sauva du même coup les restes du bataillon d'Auray qui détalait vers la chaussée du moulin, talonné par les Bleus. Rohu ne s'en alla qu'après que Tinténiac en personne, au grand galop, fût accouru lui intimer l'ordre de se replier. Et, à ce moment, il aperçut sa bonne femme de mère, ses sabots à la main, qui, depuis deux heures, le suivait silencieusement....

CHAPITRE X

DANS LA RATIÈRE

LANDÉVANT, Mendon, Sainte-Barbe, Plouharnel, Carnac, tout le quadrilatère était perdu : la presqu'île seule, qu'on a comparée à une bourse, restait à l'armée royale et pas tout entière encore, car, au collet de la bourse, à son point de rattachement avec la terre ferme, à Sainte-Barbe et sur la chaussée du Bégo, plus un Chouan ne se voyait. Pour enfermer d'Hervilly dans la bourse, il n'y avait qu'à serrer le cordon, autrement dit à barrer l'isthme en retournant, équipant et portant d'une mer à l'autre le retranchement sommaire utilisé par les Chouans : l'officier du génie Moreau de Jonès s'en chargera sur les indications de Hoche ; dans les vingt-quatre heures, avec des galets, des mottes, de la tangue, de la paille hachée et chacun y mettant du sien, les officiers en bras de chemise comme les hommes et ne gardant que le hausse-col, ce sera fait : le retranchement, long de 1.500 mètres, s'appellera la redoute du Mât de Pavillon. Par derrière. Hoche assoira quatre batteries de 12 et de 8 qui prendront d'enfilade toute la falaise jusqu'au fort Penthièvre, et qui seront cependant hors de l'atteinte des canons anglais. Mais d'abord il lui faudra repousser avec des moyens de fortune et dès la nuit même une assez forte attaque montée par d'Hervilly qui, sans être bien convaincu encore de sa criminelle sottise, s'est laissé persuader par Puisaye d'essayer de la réparer, — bien mieux, qui a consenti, pour la première fois, à faire coopérer ses réguliers et les troupes chouannes. Essai malheureux : les colonnes d'attaque, parvenues au pied du retranchement à la faveur des ténèbres, ne se reconnaissent pas et se fusillent. Hoche dédaigna de les poursuivre. Le lendemain et les jours suivants, il consommait l'investissement de la presqu'île par l'installation de redoutes sur tous les points dominants de Sainte-Barbe ; il poussait ses avant-postes jusqu'à l'orée de la falaise, à l'abri d'une ligne de circonvallation qui en faisait une sorte de premier camp retranché. Il ne négligeait pas le quadrilatère, solidement occupé par Josnet et Drut pour parer à toute tentative nouvelle de débarquement. Lui-même s'établissait avec Lemoine et son chien Pitt au village de Glévenès, à la ferme David, dans une grange proche le vieux moulin seigneurial de Kergonan dont la tour crénelée lui servira d'observatoire. Et cela fait, la nuit venue, ses derniers ordres expédiés, une caresse donnée à Pitt dont sa jeune femme lui demande des nouvelles et qui compose provisoirement tout son état- major, il écrit à Chérin sur un chiffon la lettre fameuse :

Les Anglo-Émigrés-Chouans sont ainsi que des rats enfermés dans Quiberon, où l'armée les tient bloqués. J'espère que dans quatre jours nous en serons quittes.... Je suis sans secrétaire, sans aide de camp, sans adjudant général, sans papier et presque sans vivres.

Il pourrait ajouter sans lit, car, ce soir-là, il couchera sur un banc. Des ombres confuses dansent dans la pièce, dont l'obscurité n'est combattue que par un maigre suif. Mais, dans son cerveau, où s'enfante la victoire, tout est clarté, certitude : la Convention, l'armée, son chef n'ont qu'une même âme et opèrent en plein accord. C'est dans le parti qui se qualifie de parti de l'ordre, tristesse ! que sont la division, l'anarchie. Puisaye assiste à la déroute de ses combinaisons stratégiques, et comme toute sa vie n'a été jusque- là qu'une suite d'échecs et de rebondissements, il ne veut pas encore désespérer, il regarde vers la mer d'où lui viendra peut-être le salut. D'Hervilly, dont cette déroute est l'œuvre, travaille à l'exploiter. Qu'a-t-il cherché ? Que l'ennemi le forçât à rembarquer ? Puisaye le dit, mais, si d'Hervilly avait eu le temps d'écrire ses Mémoires, nous entendrions peut-être une autre antienne. Il a réussi du moins à préserver son armée qui, à quelques douzaines d'assaillants près, tombés dans la nuit du 7, peut être considérée comme intacte. C'est l'essentiel pour d'Hervilly qui s'en sait comptable devant son roi, devant l'avenir, et qui l'a ménagée, comme le lui demandaient ses instructions, autant qu'il a pu. Le jour même de l'offensive, il s'était porté avec son régiment jusqu'à la hauteur de Sainte-Barbe ; il y avait vu les Chouans à l'œuvre, rasant le sol, s'égayant, gaspillant la poudre, inaptes au maniement de la baïonnette comme à tout mouvement ordonné, et, dégoûté de cette tactique barbare, il avait fait remettre l'arme au bras à ses troupes pour ne pas les exposer davantage à un spectacle si démoralisant. Que ces brutes, s'il leur plaisait, continuassent leur voltige de Hurons, lui, posté sur le bord de la montée du fort Penthièvre, faisait défiler ses grenadiers au pas, vérifiant l'alignement et reprenant aigrement ceux des officiers qui ne saluaient pas avec ensemble. D'Hervilly, comme le Guichamp du poète, semble avoir eu sur l'esprit deux abat-jour : la discipline et la consigne. Il marchait devant lui dans l'espace, un peu étroit, laissé libre par ces œillères, mais il y marchait droit. Et il voulait qu'on marchât comme lui. Quelques jours plus tard, il mènera ses grenadiers à un nouvel assaut des positions de Hoche ; il les conduira jusqu'au pied du retranchement ; il eût pu l'emporter à la faveur du trouble jeté par la surprise de son attaque ; les Toulonnais de Royal-Louis, l'élément le plus sûr de sa troupe, l'en suppliaient mais il s'était aperçu d'un certain flottement chez les autres, et il répondit :

— Non certainement, messieurs. Je ne suis pas assez content de vous pour cela.

C'est une réponse presque romaine. Il y a une certaine grandeur chez cet homme trop décrié et qui d'ailleurs saura mourir, une grandeur un peu sèche, un peu roide et d'avant Jean-Jacques, mais qui, sur un autre théâtre et dans des circonstances plus propices, eût pu trouver son emploi.

Aussi bien l'attaque montée cette nuit-là (11 juillet) n'était qu'une diversion et qui, somme toute, avait réussi : il s'agissait de retenir l'attention de Hoche pour qu'elle ne se portât point vers Port-Haliguen et Port-Orange où, dans le même temps, deux flottilles de chasse-marée appareillaient, l'une vers la presqu'île de Rhuis, avec une partie des familles de réfugiés, 3.500 Chouans et une compagnie de Loyal-Émigrant sous les ordres de Tinténiac ; la seconde vers l'anse du Pouldu, avec d'autres réfugiés et un corps de Chouans un peu plus faible sous les ordres de Lantivy-Kerveno. C'est Georges qui avait eu l'idée de cette manœuvre tactique destinée autant à décongestionner la presqu'île où, les vivres commençant à manquer, d'Hervilly prétendait mettre les troupes chouan nés à la portion congrue, qu'à créer une menace dans le dos de Hoche et à le prendre éventuellement entre deux feux. Avec Tinténiac et outre d'Allègre, Mercier La Vendée et Georges lui-même, s'étaient embarqués quelques émigrés, je vicomte de Pont-Bellanger, le comte de Guemissac, M. M. de La Houssaye, de La Marche, de Busnel, de Closmadeuc, de Lorgeril, etc. Jean Jan, dans l'autre corps, doublait

Lantivy. D'Hervilly, cette fois, n'avait pas fait d'objection au projet, qui servait trop bien les siens en le débarrassant d'une méprisable cohue et qui lui eût souri davantage encore si Puisaye avait pris le même chemin qu'elle. Le comte de Châtillon l'en pressait : Puisaye déclina l'invitation en phrases tout imprégnées de la sensibilité à la mode : *Si je n'écoutais que mon cœur*, etc., mais ses yeux restaient tournés vers Londres d'où il attendait la réponse qui devait décider entre d'Hervilly et lui. D'ailleurs un certain nombre de Chouans étaient demeurés dans la presqu'île. Et peut-être la lutte stérile qu'il soutenait depuis trois semaines contre son rival avait-elle épuisé toute son énergie : on ne reconnaîtra plus désormais le Puisaye d'antan, supérieur à la fortune et la dominant par sa ténacité. L'épreuve a plus fait que de le vaincre : elle l'a aigri, amoindri, et, quand il reprendra le commandement, l'aura rendu inapte à l'exercer.

Les deux corps expéditionnaires avaient touché terre aux points convenus ; leur débarquement s'était opéré sans rencontrer de résistance et, tout de suite allégés de leurs *impedimenta*, ils s'étaient mis en route, l'un en direction d'Elven, l'autre vers Pont-Aven et Quimperlé : celui-ci fondit en chemin, bien loin de faire la moindre recrue, aspiré par ses guérets et l'appel impérieux de la moisson ; l'autre, mieux en main, se grossit un moment des bandes de Guillemot, déjoua Grouchy lancé à ses trousses, enleva Elven, poussa même jusqu'à Plaudren. Mais là, au lieu de continuer sur Baud où il devait faire sa jonction avec le corps de Lantivy et de Jean Jan pour retourner tous ensemble vers la presqu'île et tomber dans le dos de Hoche, Tinténiac le fit obliquer brusquement vers l'intérieur : l'*Armée rouge*, comme on l'appelait, en raison de la casaque écarlate à boutons de cuivre qui lui avait été infligée au départ, était le 14 à Saint-Jean-Brévelay, le 15 à Josselin, le 16 à Mohon, près de la Trinité-Porhoët. Or, si Puisaye dit vrai, le matin de ce même 16 juillet, au petit jour, elle aurait dû se trouver sur les derrières de Hoche pour l'attaque générale convenue. Comment un chevalier de Tinténiac, la loyauté faite homme, put-il, en des circonstances si graves, manquer à des engagements si précis ?

Pour l'abbé Guillevic, secrétaire de Cadoudal et dont l'opinion a du poids, rien de plus simple : c'est que Puisaye ment ou s'abuse et qu'aucune date n'avait été arrêtée entre les deux chefs. Ceci résulterait du caractère même de la mission confiée par Puisaye à Tinténiac et à Lantivy qui devaient commencer par rallier toutes les bandes chouannes du Finistère et des Côtes-du-Nord avant de se rabattre avec elles sur les derrières de Hoche : mais quinze jours au moins étaient nécessaires pour l'exécution d'un tel plan. Puisaye se flattait-il qu'il en fallait à peine la moitié ? Ou, de naturel ombrageux, céda-t-il à la crainte de voir entrer en scène un nouvel arrivant,- beau, jeune, intrépide, comblé de tous les dons de l'esprit et du cœur, le propre frère de cette jeune fille sublime qui, disait-on, dans les prisons de l'Abbaye, avait cru acheter la grâce de son vieux père en acceptant de boire un verre de sang, le comte Charles de Sombreuil ? Une auréole romanesque l'enveloppait lui-même, pour s'être résigné, docile aux ordres de ses princes, mais le cœur déchiré, à quitter une fiancée chérie, Mlle de La Blache, le jour même qu'il devait l'épouser. Sombreuil, qui s'était illustré en Hollande n'ayant pas vingt-cinq ans, commandait la seconde division d'émigrés embarqués à Portsmouth sur la flotte de lord Moira dont, chaque matin, Puisaye guettait les voiles à l'horizon. Hile parut enfin, dans l'après-midi du 15, mais trop tard au gré de l'intéressé, et les choses étaient trop engagées pour qu'on les arrêtât. Cependant, avant la nuit, Sombreuil était chez Puisaye. Et il lui apportait, pour don de bienvenue, la réponse de Wendham tant attendue qui tranchait le conflit en sa faveur : d'Hervilly rentrait dans le rang et Puisaye redevenait le seul chef. A la manière toute détachée dont d'Hervilly accueillit la nouvelle, on put juger qu'elle n'était point une surprise pour lui et qu'il estimait qu'ayant consciencieusement rempli le mandat dont l'avait chargé l'Agence royaliste, temporisé et retraité à souhait pendant trois semaines, il pouvait fort bien maintenant passer la main à son rival et même le seconder : toute crainte d'une offensive sur Rennes était écartée et le prestige de Puisaye suffisamment atteint. Mais les instances les plus pressantes de Sombreuil pour obtenir que l'attaque en préparation fût retardée d'un jour jusqu'au débarquement de sa division, forte de quinze cents hommes, presque tous émigrés et rompus au métier militaire, échouèrent devant l'obstination de d'Hervilly et de Puisaye lui-même qui répondait :

— Impossible. Je ne pourrais avertir Tinténiac. Il le croyait donc bien au rendez-vous. Sombreuil sollicita du moins la faveur de prendre part à l'action en qualité de volontaire et pour que sa division y fût représentée dans la personne de son chef. Mais comment Puisaye — car d'Hervilly lui abandonnait volontiers ce qui touchait aux troupes chouannes — ne s'était-il pas assuré d'abord que Tinténiac avait pu exécuter son mouvement tournant ? Quoi ! Quand la mer est libre, pas un a gent de liaison entre les deux chefs ! Lantivy trouvera bien le moyen, après la dislocation de ses bandes à Plouay, de regagner Quiberon, trop tard pour avertir Puisaye, à temps pour y mourir. Avec Vauban du moins, chargé de l'attaque de flanc et qui doit débarquer avant la pointe du jour sur la plage de Carnac, on communiquera par des fusées : une fusée voudra dire qu'on a pris terre, deux fusées que l'attaque est ratée. Mais il arrivera que la deuxième fusée, lancée au lever du soleil et parce que les chaloupes de Warren n'étaient pas prêtes à l'heure, ne sera point aperçue de Puisaye, si tant est qu'elle ait été lancée.

La grande attaque enveloppante, de tête, de dos et de flanc, se réduisait ainsi, par la carence de Vauban après celle de Tinténiac, à une simple attaque frontale comme les précédentes. Celle-ci était seulement montée avec plus de soin et l'on y avait engagé l'élite du corps expéditionnaire et jusqu'au bataillon des vieux chevaliers de Saint- Louis : en tête, sous le major d'Haize, quatre cents hommes du régiment de la Châtre déployés en tirailleurs. Puis trois colonnes en formation de marche, distantes chacune de cent vingt pas : dans celle de droite, les régiments du Dresnay et de Royal-Marine, avec six cents Chouans commandés par le duc de Lévis ; dans la colonne de gauche, Royal-Louis, les mille Chouans du chevalier de Saint-Pierre et la garde nationale d'Auray aux ordres du notaire Glain promu colonel pour sa belle retraite du 7 ; dans la colonne du centre le comte de Rothalier, commandant de l'artillerie, et ses canons. Quatre mille hommes au total.

Ils partirent vers Sainte-Barbe à une heure du matin : les nuits sont brèves en juillet, mais il n'y a qu'un ruban de quelques kilomètres entre Penthièvre et Sainte-Barbe ; l'aube, près de poindre quand on s'engagea dans la falaise, n'empêcha pas de voir la première fusée de Vauban qui, avec ses Chouans et deux cents fusiliers prêtés par Warren, avait pu débarquer sur la plage de Carnac, mais que le feu nourri de Roman, insuffisamment contrebattu par celui des canonnières anglaises, força presque aussitôt de rembarquer. Cependant, comme on n'avait point vu la seconde fusée, Puisaye et d'Hervilly en conclurent avec quelque logique que Vauban progressait. Et la précipitation avec laquelle les avant-postes d'Humbert, sans attendre même le choc, se replièrent sur les lignes de Sainte-Barbe, leur fut une occasion de méprise encore plus grave. D'Hervilly, le premier, y vit l'effet de l'attaque à revers de l'Armée rouge et vint en prévenir Puisaye qui n'eut pas plus d'hésitation :

— C'est Tinténiac, marchons !

Sur quoi la charge battit. D'Hervilly commanda En avant ! ordre répété par tous les chefs de colonne qui ajoutaient comme Contades pour enlever leurs hommes : Voyez, les Républicains décampent ! Et déjà le premier barrage était emporté et pas le moindre signe de réaction n'apparaissait chez les Républicains, Ce silence et cette passivité eussent dû donner à réfléchir aux assaillants dont certains, en approchant du grand retranchement, crurent entendre des voix qui, de l'autre côté du rempart, recommandaient : Pas encore ! Ne tirez pas encore ! Le piège s'avérait.

C'était, toutes proportions gardées, celui-là même que Foch et Gouraud tendront un jour, devant Reims, aux *feldgrauen* de Ludendorff : prévenu la veille, par deux transfuges, de l'assaut projeté, Lemoine, qui commandait en l'absence de Hoche, s'était entendu avec Humbert pour simuler une panique et l'abandon précipité des avant-postes, mais, derrière le grand retranchement, tout était disposé pour recevoir les colonnes d'assaut et les mitrailler à bout portant. Dans un pli de la dune, la cavalerie attendait, sabre au clair. Les mêmes bouches qui recommandaient quelques secondes auparavant de ne point tirer partit le cri : Feu ! Toute la falaise trembla : quatre batteries s'étaient démasquées, dont la mitraille et les obus fauchaient dans la colonne de droite des files entières d'assaillants. Du premier coup soixante officiers et la presque totalité des grenadiers mordirent la dune ; le reste, débandé, courait entre la colonne de gauche et la mer (Beauchamp).

C'est avec cette colonne, fortement décimée elle-même par la mousqueterie qui s'était allumée d'un bout à l'autre du retranchement, que d'Hervilly tenta de continuer l'attaque : il la lance au pas de charge sur le retranchement, tandis que Rothalier, avec ses six canons enlisés jusqu'au moyeu, travaille à se dégager pour répondre aux batteries républicaines ; quelques émigrés de Royal-Louis, de cette espèce de Français indomptables que rien n'arrête, parvinrent ainsi jusqu'aux derniers redans. Refoulés, ils revenaient à la charge.

— A la bonne heure ! auraient dit à ce moment des officiers bleus, on voit que ce sont des Français.

Beauchamp veut même qu'étonnés de tant d'audace les Républicains aient été sur le point d'abandonner la position, lorsque d'Hervilly, sur des monceaux de morts et de mourants, fut atteint à son tour, en pleine poitrine, d'un coup de biscaïen. A ce moment lui parvenait, de Puisaye, l'ordre d'arrêter l'attaque. Il le remit à son aide de camp qu'un boulet emporta avant d'avoir rempli sa mission près d'Attily, commandant de Royal-Louis, et le résultat fut qu'une partie de l'armée royaliste continua d'attaquer, tandis que l'autre retraitait.

Ainsi était rendu inutile, une fois de plus, par une sorte de conjuration des forces obscures dressées contre elle, le magnifique esprit de sacrifice de cette noblesse française, si inférieure dans l'action politique, mais à qui les champs de bataille restituaient toutes ses anciennes vertus. Lemoine, qui tenait en réserve sa cavalerie, n'eut plus qu'à la lâcher sur Puisaye ; les colonnes royalistes, mêlées aux bandes chouannes, roulaient en désordre vers la falaise, et le sabre des hussards de Vernot-Dejeu se fatiguait à tailler dans cette masse inorganique. Les cent vingt chevaliers de Saint-Louis étaient réduits à quarante-neuf. Rothalier, avec les trois canons qui lui restaient, essayait d'arrêter l'effroyable poursuite et, voyant son fils tomber à côté de lui, ordonnait : Enlevez cet officier, puis continuait à diriger le tir. Chièvre, avec deux pièces, défendait non moins âprement le passage de la falaise vers la Mer Sauvage. Et c'est encore Charles de Corday, le frère de Charlotte, qui, pressé par les hussards, se retourne :

— Comment ! Nous nous laisserions charger par quarante bougres comme ça !

Rien n'y fit. Et la boucherie eût été complète, Penthièvre même enlevé peut-être, si leur échec sur Carnac n'avait amené là par grand hasard Vauban et Warren, l'un avec ses Chouans, l'autre avec ses canonnières : les Bleus, pris d'écharpe, durent rentrer dans leurs lignes, — pas si vite que certains ne trouvassent le temps de faire main basse au passage sur les croix, l'argent, les souliers et jusqu'aux chemises des morts qui couvraient la dune et entre lesquels ils 11e prenaient pas la peine de distinguer. Hoche apprendra ainsi avec indignation que son jeune adjudant général et ami Vernot-Dejeu, tombé au cours de la poursuite, a été dépouillé de ses vêtements par ces coquins qui, au témoignage d'un des leurs, ne se privaient même pas d'achever les blessés...

CHAPITRE XI

LA PRISE DU FORT PENTHIÈVRE

MAINTENANT les événements vont se précipiter, encore que la division de Sombreuil — la division à cocarde noire qui semble porter déjà son propre deuil — fût arrivée à temps pour combler les vides des rangs royalistes ; mais Puisaye, pour des raisons obscures, ne la laissait prendre terre que le 19. Les désertions se multipliaient dans les troupes soldées, anciens défenseurs de Sans-Culotte ou recrues des pontons britanniques que la victoire seule aurait pu garder fidèles ; Penthièvre regorgeait de blessés ; Lévis y gisait, le talon emporté ; d'Hervilly agonisait ; Puisaye lui-même ne savait plus s'abuser ni abuser les autres et priait Contades de voir Humbert, le sensible Humbert si prompt naguère à fraterniser avec Boishardy et Cormartin sur la lande de Gausson et dans les allées de Cicé. Les temps avaient changé et, cette fois, quand Contades tendit la main au capitaine Breton qui accompagnait Humbert et qui était un ancien camarade de régiment :

— Non, dit Humbert, pas aujourd'hui.

Le 2 Thermidor an III (20 juillet 1795), dans la matinée, Hoche écrivait à Chérin : Puisaye demande à parlementer, ce que nous ferons à coups de canon. Tallien et Blad, les nouveaux missionnaires dont l'avait encadré la Convention, rejetée à l'extrême pointe de son jacobinisme par le dépit d'avoir vu ses efforts pacificateurs si mal récompensés, voulaient encore moins de tractation. Mais tant que Penthièvre tenait — et Puisaye, après d'Hervilly, y faisait chaque jour travailler — l'armée royaliste, à l'abri de ses retranchements, apparaissait inexpugnable : on en était si bien persuadé chez les royalistes que le parc d'artillerie et les magasins, au lieu d'occuper l'arrière du camp, comme c'est l'habitude, avaient été laissés près du fort, et il est vrai qu'ils étaient bien dégarnis depuis l'affaire du 16. Dans le conseil de Hoche, les avis étaient partagés : pour les officiers du génie, Moreau de Jonès, Rouget de Pisle et autres, on ne viendrait à bout de Penthièvre que par un siège en règle, des parallèles et des tranchées. Et c'était la voix de la raison. D'autre voix, celle de l'audace, répondait avec Hoche :

— Je veux que le fort Penthièvre soit emporté de vive force et cela le plus tôt possible.

C'est la trahison, en fait, qui le livra.

Deux transfuges de la garnison, deux anciens sergents-majors du 41e incorporés dans Royal-Louis, Nicolas Litte et Antoine Mauvage, s'étaient aperçus qu'on pouvait à marée basse, par les rochers, se hisser jusqu'au parapet du fort à l'endroit où il plonge dans la Mer Sauvage ; un autre transfuge, Daniel Goujon, surnommé Barrabas, par esprit de représailles, pour faire payer aux émigrés les coups d'étrivière que lui avait valus une première tentative d'évasion, offrait à

Hoche d'y guider de nuit un détachement. Le reste irait de soi, grâce aux complices qu'on avait dans la place et qui se tiendraient aux créneaux.

Quel fond faire sur ces racontars et la chance, bien examinée, valait-elle qu'on la courût ? Mais une autre attaque, parallèle à celle-là et dirigée par la baie, dont les prairies de zostères, l'herbier marin, assèchent aux marées basses, pouvait prendre le fort à revers. Dans ces tangues élastiques, le pas s'étouffe. On choisirait une nuit sans lune ; le mot d'ordre, que Goujon se procurerait, permettrait de tomber sur les avant-postes avant qu'ils eussent donné l'alarme et, d'ailleurs, les têtes de colonnes, pour mieux tromper les sentinelles, porteraient le tricorne et l'habit rouge des émigrés. Hoche n'aurait pas osé compter qu'avec l'opacité des ombres le tonnerre, la pluie et le mugissement des vagues se coaliseraient pour le succès de son plan. Ces conjonctures inespérées se présentèrent dans la nuit même du 20, adoptée — le mot d'ordre n'ayant pu être connu plus tôt — au lieu de celle du 19 pour l'enlèvement de la formidable position. La veille, de son quartier général de Sainte-Barbe, sous l'œil de Tallien et de Blad, il avait ramassé ses instructions dans un ordre du jour d'une précision terrible — trois variantes en existent, mais concordent sur les points principaux :

> Le général Humbert, à la tête de trois cents hommes d'élite de son avant-garde et conduit par un guide que je lui enverrai, se portera sur le village de Kerostin, en passant par la laisse de basse mer, laissant le fort Penthièvre à droite et la flotte anglaise à gauche, il fera marcher sur deux files et avec le moins de bruit et à la moindre distance possibles.

> Arrivé près du village, il tournera brusquement à droite et fera courir jusqu'au fort, dont il s'emparera e n franchissant la palissade. Il égorgera tout ce qui s'y trouvera, à moins que les fusiliers ne viennent s'y joindre à sa troupe. Les officiers, sergents d'infanterie et canonniers n'auront point de grâce.

> Le général de brigade Botta suivra Humbert dans le même ordre avec le reste de l'avant-garde. Il s'emparera de Kerostin et fera fusiller tous les individus armés qui voudraient sortir des maisons. Les soldats sans armes qui viendront le joindre seront accueillis, les officiers seront fusillés sur-le-champ.

> En arrivant dans la presqu'île, ces deux officiers généraux, feront crier par la troupe : Bas les armes ! A nous les patriotes !

> L'adjudant général Ménage favorisera l'attaque de Humbert en attaquant lui-même les grand'gardes ennemies ; il les culbutera, leur passera sur le corps et les Poussera jusqu'au fort. La palissade franchie, il suivra Par la gauche le fossé jusqu'à la gorge. Ménage ne fera pas tirer un coup de fusil ; il fera passer à la baïonnette tout ce qu'il trouvera d'ennemis.

> La troupe qui doit faire cette attaque sera l'élite du général Valletaux.

Valletaux soutiendra l'attaque de Ménage avec le reste de sa brigade ; il fera en sorte de se précipiter jusqu'au toit en s'approchant le plus possible pour éviter le feu.

Humbert se mettra en marche par la gauche, à minuit précis, Ménage par la droite un quart d'heure après. Les deux colonnes suivront la marée, dussent-elles marcher un peu dans l'eau.

Le général Lemoine portera sa brigade à la hauteur de l'avant-garde. Il y laissera un bataillon avec deux pièces de quatre, marchera en bataille à la hauteur de la colonne Valletaux qu'il doit soutenir.

Garde-du-camp, deux bataillons de la réserve et le troisième de la demi-brigade, commandée par le général Drut qui fera tirer à boulets rouges sur les bâtiments qui viendraient nous inquiéter.

Seul, le rôle de Ménage, dans cet ordre du jour lumineux, demeure un peu trouble, et c'était pourtant Ménage qui, derrière *Barrabas*, devait assumer la part la plus osée de l'entreprise, l'escalade des abrupts rochers de la Mer Sauvage et du parapet de l'ouest. Mais le secret, ici, peut-être s'imposait. Il reste que sans Ménage et ses hardis grenadiers — non point si hardis, à vrai dire, que dans la position instable où ils se voyaient suspendus, entre l'abîme et le fort, leurs mains déshabituées n'esquissassent un rapide signe de croix, — la surprise échouait misérablement. Humbert, pataugeant dans les flaques, avait été éventé ; Botta était blessé ; Valletaux démasqué et tous les trois, sans canons, tourbillonnaient entre le feu des chaloupes anglaises et les salves des artilleurs de Toulon, les plus enragés volontaires de l'armée royale, accourus de Portivy. Un fléchissement, bientôt tourné en panique, s'observait dans les rangs des Bleus quand soudain, sur leur tête, dans la lividité du petit jour (l'attaque, en raison de la violence des éléments, n'avait pu commencer qu'à deux heures), les trois couleurs montèrent à la drisse du fort.

C'est l'instant où Puisaye quittait ses draps. On avait copieusement soupé la veille à son quartier général de Kerdavid. Seize invités : La Jaille, Chambray, Balleroy, Pioger, Saint-Pierre, etc. Aimables convives pour la plupart, bien que la chère, préparée par le fidèle Prigent, bon soldat et détestable cuisinier, ne fût pas de qualité supérieure. Le nouveau colonel en second des hussards de Warren, M. de Marconnay, est venu vers dix heures au rapport. Il est trempé. Il a poussé jusqu'aux lignes ennemies : tout était tranquille. Onze heures. L'assistance se sépare. Puisaye monte à sa chambre, se couche. L'orage redouble au dehors. Quelqu'un frappe : Sombreuil. Comme un héros de tragédie, de funèbres pressentiments l'agitent : c'est au cours d'une nuit semblable, commence-t-il, que Toulon... bref il craint une attaque.

— Par ce temps de chien ? dit Puisaye.

— Vous ne connaissez pas les Républicains, répond Sombreuil. Nos ouvrages de défense ne sont point achevés. Il leur importe de ne pas nous les laisser finir.

— En vérité, Sombreuil, on croirait que vous avez peur.

— Comme il vous plaira. Mais j'observerai qu'il nous est déserté dans la journée trente-six à quarante hommes du régiment d'Hervilly... Doublez au moins la garde.

— Les troupes ont besoin de repos.

Sombreuil s'en va. Puisaye se rendort : il ne faudra pas moins que le canon pour le réveiller, si c'est être éveillé que de conduire l'espèce d'existence somnambulique qui à partir de là fut la sienne. L'armée royale s'était ressaisie ; la générale battait de tous côtés et un sérieux effort des éléments accourus se ranger autour du lieutenant-colonel d'Attily et du major d'Haize pouvait enlever Penthièvre aux Républicains, mais il y eût fallu des troupes sûres et quelque coordination dans l'effort. D'Attily, qui s'était jeté le premier à l'assaut, fut tué dès le début de l'attaque et son bataillon de tête anéanti : le reste de l'effectif passa aux Républicains, périt ou se débanda. D'Haize survenant à ce moment au pas de charge, un cavalier qui galopait en sens inverse l'arrêta sur la route :

— Quelle est cette troupe ?

— Loyal-Émigrant.

— Où allez-vous ?

— Au fort. — Le fort est pris.

— Eh bien, nous le reprendrons à la baïonnette.

— Il ne s'agit pas de cela : il faut battre en retraite et choisir une position avantageuse. La journée sera chaude.

Le cavalier était Puisaye et ce fut son dernier ordre, sa dernière manifestation de commandement. Pendant que Contades, avec quelques douzaines de Chouans, d'Haize avec les vétérans de la Châtre, tentaient de barrer le passage à Valletaux et à Humbert qui poussaient devant eux le misérable troupeau des femmes et des invalides demeurés dans la presqu'île, lui gagnait à force de rames la *Pomona*, le vaisseau-amiral de Warren, soi-disant à la demande de Sombreuil, pour presser l'embarquement des troupes royalistes incapables de résister plus longtemps, tous leurs canons pris et retournés contre eux, en réalité, suivant les émigrés, pour mettre à l'abri ses papiers, sa correspondance secrète, qu'il ne se souciait pas de voir tomber aux mains de Tallien. Mais, ces précautions observées et Warren averti, il eût pu revenir à terre. Gesril du Papeu le fit bien, quand Hoche l'envoya demander à Warren de suspendre son feu et, parti à la nage pour sa dangereuse mission, revint à la nage se remettre à la discrétion des Républicains. Puisaye, là encore, nous échappe : fut-il lâche une fois, après avoir donné tant de preuves d'intrépidité ? Ces défaillances s'observent chez les plus braves. Sombreuil, arrivé de la veille et ignorant des aîtres, demeure seul pour exercer un commandement qui, entre ses mains tâtonnantes, ne peut aboutir qu'à l'écrasement ou à la reddition : Puisaye, en partant, lui a indiqué le moulin de Saint-Julien et le Fort- Neuf, près de Port-Haliguen, comme des positions de repli où il peut à la rigueur tenir quelque temps. Ca butte du moulin n'a que l'avantage d une situation légèrement dominante et le Fort-Neuf ne possède ni batterie ni retranchement du côté de la terre ; mais les troupes de Hoche, au début, ne se montrent pas si mordantes, et Royal-Émigrant, sans trop presser l'allure, a pu retraiter par le parc d'artillerie d'où n'avaient pas bougé les trois pièces sauvées à l'affaire du 16, mais dont les caissons étaient vides, dit Grandry. Les gibernes le sont aussi, par malheur, et pas seulement à Royal-Émigrant. Toutefois il semble qu'on avait le temps de les garnir et il semble aussi qu'on n'y songea pas, que tout le monde bientôt perdit la tête, que la pensée de l'embarquement qui hantait tous les esprits empêcha d'envisager les deux ou trois solutions de fortune qui s'offraient encore : c'est l'année précédente pourtant que ce même Loyal-Émigrant, enfermé dans Menin par l'armée républicaine, s'était ouvert un chemin à l'épée et à la baïonnette, trouvant le moyen d'enlever au passage deux pièces de canon. Que ne recommençait-il en Bretagne ce qui lui avait si bien réussi en Belgique ? Et il est vrai qu'il n'était plus tout à fait le même : il y avait dans ses rangs trop d'éléments douteux, trop de ce gibier de pontons qui, quand il ne tirait pas dans le dos des chefs, levait la crosse en l'air et criait : Vive la Nation ! Lemoine, après Quiberon, fera rentrer dans leurs anciens régiments deux mille huit cent quarante-huit de ces prisonniers français arrachés des prisons d'Angleterre pour servir avec les émigrés et qui s'employèrent surtout contre eux.

Du moins les vétérans du major d'Haize, avec d'Haize lui-même, se firent-ils tuer jusqu'au dernier. Sacrifice impuissant à suspendre la marche inflexible des trois colonnes que Hoche dirigeait, pour l'envelopper, vers ce qui restait de l'armée royale : Valletaux par les dunes de la Mer Sauvage ; Humbert le long de la baie ; lui- même au centre avec Tallien et Blad ; les hussards partout, chargeant, hurlant et sabrant. Le tertre de Saint-Julien, où commençaient à pleuvoir les boulets de Drut demeuré à l'arrière, était devenu bien vite intenable, et Sombreuil avait dû reculer jusqu'au Fort-Neuf, presque au bout de la presqu'île, au droit des grèves basses de Port-Haliguen. Mais là, plus encore qu'à Saint-Julien, la panique soufflait en tempête ; il faut se représenter, sur cette étroite bande de sable où la refoulait la poussée convergente des Bleus, la masse délirante des réfugiés civils de la presqu'île, ces enfants bretons pour qui nation et diable étaient synonymes et qui jetaient des cris perçants, ces mères qui couraient à moitié nues, leurs nourrissons au bras, ces jeunes filles hallucinées qui entraient dans la vague, les yeux fixes, jusqu'à ce qu'elle les recouvrît, ces prêtres écroulés autour de Mgr de Hercé et invoquant un ciel sourd, ces Chouans mêmes à qui leur livrée rouge collait comme une tunique de Nessus et qui l'arrachaient en damnant les émigrés.

L'embarquement des troupes s'était fait d'abord sans trop de précipitation : c'est ainsi que tout Royal-Artillerie put prendre place dans les chaloupes avec armes et bagages ; il ne tenait qu'au régiment d'Hector de l'imiter, et Warren, par une attention honnête pour les officiers de la marine française qui composaient ce corps, avait mis à sa disposition un nombre de canots suffisant (d'Andigné), mais son chef, le comte de boulange, préféra demeurer à portée de Sombreuil avec les trois cents hommes qui lui restaient. Au total, dix-huit cents royalistes parvinrent à gagner ta flotte. Mais à mesure que les troupes républicaines se rapprochaient, le peu d'ordre qui s'était observé jusque-là dans l'embarquement cédait sous la pression irraisonnée des émigrés et des réfugiés entremêlés ; les barques du capitaine Keats, qui dirigeait le sauvetage, étaient littéralement prises d'assaut ; plusieurs coulèrent sous le poids de leur chargement et, pour dégager les autres, les marins anglais durent frapper à coups d'aviron, trancher des poignets, disent des témoins. Ce furent des scènes de cauchemar : clameurs, hurlements, blasphèmes, malédictions, spasmes, bras tordus, corps à corps dans l'eau et sous l'eau, et le hennissement des chevaux cabrés, l'éclatement des obus, les salves d'une mousqueterie implacable jusqu'à prendre pour cible les têtes des nageurs. Les batteries du *Lark*, la seule corvette anglaise à qui son faible tirant d'eau eut permis d'approcher assez près du rivage et dont les boulets, sur une mer rageuse, s'égaraient parfois dans les rangs des émigrés, ne faisaient qu'irriter les Républicains sans leur causer de préjudice bien sensible. Mais chaque minute qui passait rendait plus critique la position de leurs adversaires : l'incertitude du commandement équivalait à sa démission. Vers neuf heures, le sauve-qui-peut devint général ; la bousculade, les tueries pour monter dans les barques s'exaspérèrent au point de faire craindre aux marins anglais pour leur propre vie. Ils finiront par se tenir à une encablure du rivage et seuls seront recueillis par les chaloupes ceux qui pourront les atteindre à la nage. Damas, Contades, qui ne savent pas nager, Sombreuil, qui veut mourir, se lancent à cheval dans la mer. Le cheval de Sombreuil se cabre, le ramène à terre ; Damas coule avec le sien ; Contades, plus heureux, se dégage et peut saisir la rame que lui tend un nègre pitoyable, le même peut-être qui, la barque archi pleine, repoussera un vieil officier cramponné au bordage et lui offrant, pour quelques heures de vie supplémentaire, sa dernière poignée de louis d'or. Tous, sans doute, chez les émigrés, ne cèdent point à la contagion, mais on les compte, comme ce Senneville, nommé par d'Hervilly gouverneur de Quiberon, qui considère qu'un commandant de place forte a les mêmes devoirs qu'un capitaine de navire et doit quitter son bord le dernier, ou comme l'évêque de Dol, Mgr de Hercé, modèle de résignation chrétienne, répondant à son clergé qui le presse de monter dans une chaloupe :

— N'embarrassons point les barques.

Dix-sept, sur quarante, des ecclésiastiques entendront, moisson déjà mûre pour le martyre. Dans l'armée même de Hoche, à côté des tape-dur, des hommes à tout faire, rebut des faubourgs de Paris, de Liège et de Bruxelles qui vivent de meurtre et de pillage et dont il est le premier à rougir, il y a, en grande majorité, le vrai soldat de France, le grenadier des chansons de marche, tête légère et bon cœur, sensible à toutes les formes d'héroïsme. C'est de la bouche multipliée de ce soldat que jaillira le cri diversement rapporté, mais identique dans son fond et qui décidera de l'issue des événements : Bas les armes ! Vous serez épargnés ou Rendez-vous, braves Français. Il ne vous sera fait aucun mal. Sombreuil, qui n'a pu mourir et qui n'a pas su organiser la résistance, ne saura pas davantage poser les bases d'une capitulation régulière. Il s'est avancé vers Humbert — et non vers Hoche avec qui les émigrés ont confondu Humbert et que Sombreuil n'a vu qu'ensuite —. Humbert est généreux, irréfléchi, abondant en protestations, mais la vérité transparaît dans le dialogue que le triste Sombreuil échange au retour avec Chalus et qu'il faut bien préférer aux récits de Chaumareix, l'inepte officier du Grand-corps qui — si c'est le même — n'échappera de Quiberon que pour naufrager la *Méduse*, ou de Berthier du Grandry, âgé alors de quinze ans. Suivi de son hussard allemand, Sombreuil passe au galop devant le front du fort.

— Mes amis, jette-t-il aux officiers, sauvez-vous ou mettez bas les armes.

Mais lui-même où court-il ? Chalus saute à la bride du cheval et manque d'être écharpé par le hussard qui croit qu'on en veut à la vie de son chef.

— Général, crie Chalus, comment l'entendez-vous ? Avez-vous fait des conditions ? Est-ce que les émigrés ne seront pas fusillés ?

— Mon ami, répond Sombreuil, nous sommes perdus. Sauvez-vous.

C'est à ce moment-là, suivant Chalus, que se placerait sa première tentative de suicide — car, chez Humbert encore, à Auray, il se tirera dans la tête un coup de pistolet —, mais on conçoit mal, prenant ce parti désespéré, qu'il ait attendu pour l'exécuter que les colonnes républicaines fussent sur lui, à cent cinquante pas, précise Grandry, au point qu'à la faveur de la trêve tacite qui s'était établie on s'interpellait, on passait d'un rang à l'autre, Rouget de Lisle conciliant et fraternel, Ménage à cheval, la tête bandée, menaçant de tout embrocher comme à Penthièvre si le *Lark* continuait son feu, Gesril du Papeu, le camarade d'enfance de René à Saint-Malo, d'autres peut-être, Froger de la Clisse, Guerry de Beauregard, se proposant pour aller à la nage le faire cesser. Et l'on entrevoit que, pour tenter une restitution à peu près recevable de Quiberon, il faudrait pouvoir commencer par classer et relier chronométriquement la centaine ou le millier d'épisodes décousus et souvent contradictoires de ce grand film tragique. L'histoire ici, plus que partout, est une question d'heure, de minute, de seconde. Sur l'épilogue du drame au moins, la reddition de Sombreuil à Hoche, la remise de son épée à Tallien après l'avoir baisée, il n'y a que des témoignages concordants. Ensuite ? Ensuite Sombreuil veut se donner l'apaisement que le cri général de l'armée tient lieu de conditions écrites, que les généraux, les représentants, la Convention elle-même et les directoires départementaux, encore tout suants de peur, le ratifieront, et, sincère seulement avec Châlus, il a la faiblesse de se prêter à en persuader les siens...

L'Armorique, terre des morts, titre d'un des plus beaux chapitres de l'*Histoire des Gaules* de Camille Jullian, où sont déduites les raisons mystérieuses pour lesquelles, à une époque malaisée à déterminer, mais assurément très reculée, le Morbihan, considéré comme le rivage le plus proche de l'Annwyn, de l'*orbis alius* des Celtes, devint une vaste nécropole, le grand champ dolent du monde occidental. Plouharnel, Erdeven, Kerserho, Sainte-Barbe, la lande du Haut-Brambien, Carnac surtout, avec ses deux mille menhirs, débris de la prodigieuse forêt lithique qui le couvrait autrefois, semblent avoir été les principaux centres d'inhumation. Et c'est ce pays encore qui, par trois fois : en 56 avant J.-C., en 1364 et en 1795, servira d'ossuaire à la nation armoricaine, à la fleur de la chevalerie bretonne et aux derniers tenants de la monarchie française. A quelques pas de l'estuaire où la fortune et les vents trahirent la flotte des Vénètes, à l'endroit même où Charles de Blois tomba en hoquetant : *Haa Domine Deus*, sept cent dix émigrés — chiffre le plus bas, fourni par les états officiels de Lemoine — et dix-huit prêtres dont un prélat fusillés et enfouis au lendemain de Quiberon dans les prairies du Loch, sur la garenne de Vannes, à Quiberon même, puis transportés dans la chartreuse d'Auray, huit cents prisonniers morts dans les geôles et les hôpitaux attestent l'espèce de fatalité historique qui continue de peser sur ce coin de terre, immémorialement voué aux dieux infernaux.

CHAPITRE XII

L'ODYSSÉE DE L'ARMÉE ROUGE

QUIBERON ne modifia pas seulement le caractère de la Chouannerie morbihannaise, comme le dit le chanoine Le Falher, et la Chouannerie tout entière s'en ressentit profondément : une cassure s'est produite dans le rouage de l'insurrection, à la place essentielle de la machine, au principe de l'autorité, et qui ne sera point ou sera mal réparée. Puisaye, de l'île d'Houat où il s'est fait débarquer, où il attend l'occasion, peut passer sur le continent : le tribunal du Conseil royaliste du Morbihan l'acquittera, ouïe sa défense hautaine, et Guillemot conduira près de lui d'Andigné qui le cherche de la part de La Vieuville. Son orgueil survit à son prestige sombré dans le désastre, mais n'est pas suffisant pour lui procurer des troupes, même des gardes ; l'arrivée de d'Andigné jette la panique dans le petit état- major avec lequel il tient le couvert. Il ne retrouvera des hommes et un peu de crédit qu'en Ille-et-Vilaine, sous ces taillis du Pertre, berceau de son extraordinaire fortune. Conséquence : la Chouannerie, décapitée, reprend sa marche dispersée et cahotante d'avant la proclamation du 26 juillet. Pour commencer et sans requérir l'avis de Puisaye, les chefs morbihannais réunis à Grandchamp, vers le milieu d'août 1795, confèrent à Cadoudal le commandement en chef des forces du département. Cette soudaine élévation, qui semblait réservée à Guillemot, Georges la devait moins à ses succès militaires qu'à la maîtrise avec laquelle il venait de diriger la retraite de l'Armée rouge abandonnée par ses chefs et menacée du même sort que les royaux de Quiberon.

> *Boion alaouret, dillad ru,*
> *Setu ar Saoz a'zo erru...*

Bouton doré, habit rouge, voici s'en venir le Saxon, chantait-on en Bretagne au temps — pas si lointain — de la descente des Anglais à Saint-Cast. Ga nouvelle tenue écarlate de l'armée chouanne avait dû ramener sur bien des lèvres de ruraux et de citadins ce lambeau satirique de ballade populaire. Même chez les mieux disposés, une certaine réserve s'observait : si Puisaye, le fourbe Puisaye, toujours empressé et jusque sur les forteresses à marier les couleurs des deux nations, n'avait pas été secrètement acquis au duc d'York, eût-il infligé à ses troupes un pareil uniforme où l'insolent rouge britannique étouffait le blanc immaculé de l'ancienne tenue française ?

La brusque conversion de ces troupes vers l'intérieur fut un autre mystère et qui n'est pas complètement élucidé encore. Les uns veulent que ce soit Hoche qui l'ait astucieusement provoquée, et l'on ne voit pas très bien de quelle manière, sinon par le truchement de sa séduisante et cynique maîtresse, la marquise du Grégo, femme du commandant en second de l'Armée rouge, le vicomte de Pont-Bellanger, qu'elle n'avait pas suivi dans l'émigration : après deux ans de séparation, comment ces deux tourtereaux n'eussent-ils point souhaité de se rejoindre ? Il suffisait de leur en ménager les voies. C'est à quoi s'employa peut-être Hoche qui, à la nouvelle du débarquement de Tinténiac et de Lantivy, était parti précipitamment pour Vannes : il y revit peut être la petite Louise et la lança sur la piste en même temps que Grouchy et la 71e demi-brigade. Mais d'autres, avec Puisaye, reconnaissent plutôt dans la préparation et la conduite de l'affaire le procédé habituel de l'Agence royaliste qui, par un premier billet signé de La Vieuville — et dont il chaud peu que ce soit Talhouet-Bonamour ou le chevalier de Margadel qui l'ait apporté, puisque tous deux étaient des courriers de l'Agence — et par un second plus pressant de l'abbé de Boutouilhac, lui aussi au service de l'Agence, aurait mandé à Tinténiac encore à Elven, d'avoir à se rendre d'urgence au manoir de Coëtlogon où des ordres du Roi l'attendaient. Or, il est bon de remarquer que Coëtlogon, habité par les dames de Guernisac, appartenait à l'un des chefs de l'Armée rouge et que ces dames étaient elles-mêmes de zélées correspondantes de l'abbé Brottier.

Si différentes soient les deux thèses — ou hypothèses — peut-être ne sont-elles point inconciliables ; peut-être y eut-il là une double intrigue dont les fils se raccordèrent tout naturellement à Coëtlogon, où la dame de Guernissac attendait son mari, la Grégo le sien, Joséphine de Kercadio et quelques autres jolies amazones chouan nés conviées à la fête, le piquant d'une nouvelle aventure. L'Agence royaliste et Hoche avaient le même objet qui était d'attirer l'Armée rouge loin de la presqu'île : Tinténiac, brave soldat, mais faible cœur, tomba dans le piège et, par Josselin et la Trinité-Porhoët, gagna Coëtlogon. On était au 17 juillet.

Il avait perdu un temps précieux à Josselin qui fut prise, mais dont il ne put emporter le château ; plus heureux à la Trinité-Porhoët, il avait passé sur le corps du brigadier Champaux et de ses troupes. A Coëtlogon, derrière ce rempart de longues avenues et de murs solides, il se crut en sûreté. Aussi bien avait-on tout disposé au manoir pour lui faire oublier les soucis de sa vie précaire : la tablée était nombreuse, la chair fine, les femmes jeunes, parées et brillantes. Et les gentilshommes de son état-major se retrouvaient enfin dans leur milieu, comme avant l'infâme Révolution. Il eût fallu avoir la tête solide pour ne pas la perdre un peu parmi ces élégances d'ancien régime soudain ravivées, ces décolletages, ce papillonnement, toute cette stratégie savante de la coquetterie féminine manœuvrant au mot d'ordre de l'Agence de Paris. Il ne manquait que Georges à la fête. Peut-être avait-on négligé de l'y prier ou peut-être, s'y sentant déplacé, avait-il décliné l'invitation. Tandis qu'on fleuretait au château en attendant de se mettre à table, lui, à l'écart, avec son fidèle La Vendée, cassait la croûte et bivouaquait dans le parc parmi ses Chouans. Les dames de Guernissac, malgré leur désir de renvoyer au lendemain les affaires sérieuses, s'étaient peut-être décidées à communiquer au chevalier les ordres du roi, lesquels étaient tout bonnement ceux de l'abbé Brottier : tourner délibérément le dos à Quiberon et filer rejoindre La Vieuville entre Saint-Brieuc et Saint-Malo, pour y appuyer une attaque de la flotte anglaise sur ce dernier port. Le probe historien des *Insurrections de l'Ouest*, Théodore Muret, veut que ce plan ait répondu aux intentions mêmes de Tinténiac, bien vite convaincu que toute diversion précise et directe sur Quiberon était impossible et qu'on ne pouvait mieux inquiéter Hoche et le contraindre à lever le siège qu'en attaquant dans les Côtes-du- Nord ; il traite de roman l'intervention, malheureusement trop réelle, des dames de Guernissac et du chevalier de La Vieuville. Encore fallait-il que le chemin fût libre sur Saint-Brieuc, et le repas n'était pas achevé qu'on entendait dans le parc des détonations et le cri : Aux armes ! C'était Crublier qui attaquait par la route de Loudéac. Sans Georges et sans Mercier, sur leurs gardes, et la charge impétueuse qu'ils menèrent contre les Bleus, la fête eût risqué de mal finir pour tous les convives. Elle n'eut d'issue fatale que pour Tinténiac qui s'était précipité au dehors dès le premier appel et qui, entraîné par son élan à la poursuite d'un grenadier fuyant d'arbre en arbre, reçut sa charge à bout portant.

Ainsi périt à la fleur de l'âge, écrira Rouget de Lisle, le chevalier de Tinténiac, officier de la valeur la plus brillante, d'une audace et d'un sang-froid que rien n'étonnait — et le seul émigré dont le peuple breton ait embaumé la mémoire dans une élégie guerrière qu'on chanta longtemps aux veillées :

> Julien Cadoudal [le frère de Georges, dans les bras duquel Tinténiac était tombé] s'était retiré sous un chêne — et il pleurait amèrement, la tête inclinée, — le pauvre monsieur de Tinténiac en travers de ses genoux.
>
> Et, quand le combat finit, vers le soir, — les Chouans s'approchèrent, jeunes et vieux, — et ils ôtaient leurs chapeaux et ils disaient ainsi : — Voilà que nous avons gagné la victoire, et il est mort, hélas !

Pont-Bellanger lui fut donné pour successeur et, si la petite Louise se trouvait à Coëtlogon, son artificieux génie ne dut pas être étranger à ce choix, car, avec le nouveau chef, il n'y avait pas à craindre de retour offensif vers Quiberon.

Antoine-Henry d'Amphemet, vicomte de Pont-Bellanger, était un cadet de Normandie sans fortune qui avait épousé en 1787, quand elle n'avait que quinze ans, Louise-Exupère-Charlotte du Bot du Grégo, fille du marquis du même nom et personnage sans grande moralité, mais possédant d'assez grands biens aux environs de Surzur, dans le Morbihan. De ce mariage il eut un fils, Charles, capitaine de hussards sous l'Empire ; il émigra de bonne heure, en 1791, peut-être avec le marquis, son beau-père, qui prendra part, malgré son âge avancé, à l'expédition de l'île d'Yeu. En 1794, il est à Londres où il rencontre Puisaye qui le recommande au prince de Bouillon pour les services actifs de la correspondance : pris à Saint-Briac dès sa première tentative de débarquement, relâché après la Mabilais, on le retrouve en juillet à Quiberon. Ce passé militaire assez terne ne le désignait peut-être pas pour recueillir la lourde succession de Tinténiac. ha suite de ses aventures le montrera-t-elle sous un jour plus avantageux ? Il n'y paraît guère à la façon dont, au cours de sa montée vers Saint-Brieuc, menant joyeuse vie avec son état-major dans les châteaux de la contrée, il se comportera dans les villes ouvertes, Quintin, Châtelaudren, qu'il pillera et rançonnera sans scrupule.

Ses bandes s'étaient grossies en route de celles de Keranflec'h, de Saint-Régent et de Le Gris-Duval, un des lieutenants de Le Veneur de La Roche, qui avait succédé à Boishardy dans le commandement du district de Lamballe, et elles devaient faire leur jonction un peu plus haut avec celles des trois autres divisionnaires des Côtes-du-Nord, Picot de Limoellan, dit *Tape-à-Mort*, Colas de La Baronnais et Baude de La Vieuville. Mais à Châtelaudren, le 14, on apprend le désastre de Quiberon ; l'Armée rouge, qui n'a cessé d'être harcelée par les colonnes républicaines et dont le conseil ne leur a échappé que de justesse, près de Quintin, au manoir de Kerigant, aura demain sur les bras toute l'armée de Hoche. Est-ce Cadoudal qui intervint alors, de lui-même ou poussé par ses Chouans, qu'il avait beau tenir à l'écart de l'état-major et dont le puritanisme s'offusquait du scandale de cette vie de galanterie et d'exactions ? Puisaye le dit et que, lassé des représentations de Georges pour le ramener à son objet, Pont-Bellanger finit par déserter secrètement — avec la caisse. Suivant une autre tradition, qui ne contredit pas d'ailleurs la précédente, l'écervelé personnage aurait été arrêté par les Chouans au moment où il s'enfuyait, condamné à mort sur place par un conseil de guerre et sauvé par Georges qui le fit évader. Le seul fait certain est celui de sa fuite nocturne pendant la retraite sur Corlay, immédiatement exigée par Georges. Pont- Bellanger et les gentilshommes de sa suite avaient fait mine de s'y résigner. Vers minuit, Rohu, qui commandait l'arrière-garde, fut prévenu par son lieutenant Coryton de l'approche d'une troupe à cheval. A son cri de qui-vive une voix répondit :

— C'est moi, mes enfants. C'est votre général, ne craignez rien. L'ennemi ne fait aucun mouvement.

C'était en effet, dit Rohu, M. de Pont-Bellanger, notre général, qui, sans s'arrêter, traversa la route derrière nous et disparut avec son état-major, nous abandonnant en présence de l'ennemi.

Bon débarras, dut penser Georges. On suit quelque temps encore Pont-Bellanger, au manoir de Bossény d'abord, chez Le Gris-Duval, où, dans la nuit du 3 août, ses sentinelles sont désarmées, Salomon de Lorgeril tué, lui-même laissé pour mort, puis à Saint-Méen, en Ille-et-Vilaine, où il guérit et où ses traces se perdent. Mais sa femme les retrouvera, prétendent les informés, et fournira au général Hoche toutes les précisions nécessaires pour le cerner quelques mois plus tard (25 mars 1796) à Médréac, canton de Montfort- la-Cane, sans qu'on sache bien s'il y tomba par surprise sous les balles des Bleus ou s'il s'offrit à elles volontairement, comme le bruit en courut. Et le dégoût, en effet, put bien l'avoir décidé à ce dernier parti. Maîtresse du général Hoche, écrivait de Brest au comte d'Artois, en 1814, le comte de Ferrières, [Louise du Grégo] osait en afficher le portrait sur son sein ; elle portait avec effronterie le costume sanglant qu'on appelait alors *habit à la victime* ; à Trévarez, un des châteaux de sa famille dont elle avait obtenu la restitution, Hoche venait souvent la voir de Lesneven, son quartier général, et la tradition veut que des relais de chevaux frais et vifs fussent préparés sur la route pour lui permettre d'aller toujours le galop. Est-ce de là qu'elle fit découpler sur Pont- Bellanger, rembuché à Médréac, les limiers de Bonté, un ancien aide girondin de Puisaye devenu l'un des adjoints de Hoche ? Moins d'un an après (4 brumaire an VI), cette épouse générale de tous les généraux amateurs, comme l'appelle pittoresquement un rapport de Bosquet à l'administration du Morbihan, convolait en justes noces avec l'exécuteur présumé de son mari.

Pendant ce temps, Georges conduisait la retraite. Elle fut un chef-d'œuvre, peut-être son chef-d'œuvre, car les grandes rencontres, les batailles en lignes déployées ne lui réussiront guère et il sera, par excellence, le stratège des bonds foudroyants et des replis pareils à des évanouissements.

Mais ici c'est autre chose : trente lieues à couvrir, tout un département et la moitié d'un autre à faire traverser par quatre mille hommes désorientés, découragés, qui se sont hâtés de jeter dans les buissons et les roseaux leur maudite défroque écarlate, et talonnés en outre par les Bleus, dénoncés par les municipalités, importuns même à leurs amis de la veille que la défaite a retournés, telle est la complexe équation à résoudre et qui demande les facultés d'un nouveau Xénophon. Mais Georges n'est point troublé par sa difficulté. En échange de l'obéissance passive qu'il a fait jurer à ses hommes, il s'est engagé sur son honneur de chrétien à les ramener tous au pays — et il tiendra parole. Trois jours lui suivront : dès Cléguérec, ils commencent à se sentir chez eux. Une partie de la longue colonne s'égaye, sur son ordre, par les landes, les chemins de labour, vers les fermes blotties dans les creux, où elle se mottera jusqu'au signal du prochain rassemblement. A Moustoir-Locminé, dislocation générale. Seuls resteront avec lui, autour de lui, ceux qui ne pouvaient pas rentrer chez eux, soit parce qu'ils n'avaient pas de moyens d'existence ou que le lieu de leurs domiciles fût occupé par les troupes républicaines (Rohu) : des loges sous les taillis, des caches dans des maisons de confiance, leur ont été apprêtées ; les guinées anglaises épuisées et en attendant que Georges en reçoive de nouvelles par d'Allègre, qui est parti pour Londres, ou par Mercier La Vendée, qu'il a envoyé prendre les instructions du comte d'Artois, débarqué à l'île d'Yeu avec le troisième échelon du corps expéditionnaire primitivement destiné à Quiberon, on réglera les fournisseurs au moyen de ces étranges bons payables *quand il y aura de l'argent* dont se contentait la candeur d'un peuple étranger à tout esprit de mercantilisme et que le dernier prodige de Georges, cette retraite si difficile opérée en trois jours, sans aucune perte d'hommes, avait achevé de lui assujettir.

CHAPITRE XIII

LA DEUXIÈME PACIFICATION

AYANT achevé son récit du débarquement de Quiberon, énigme de discordes, de mensonges et d'intrigues..., dédale de conjectures odieuses et de contradictions impossibles, et montré — ce qu'ont vérifié après lui les autres historiens — que tout avait travaillé à la ruine de l'entreprise, et ses promoteurs et ses chefs, et les Anglais, et les princes et leurs agents publics et leurs agents secrets, l'honnête Pitre-Chevalier, écrivait : A l'expédition de Quiberon finira notre *Histoire de la Révolution dans l'Ouest...*

Sans doute estimait-il sa tâche terminée. Et il est vrai que, pour la République, le grand danger était passé, mais non tout danger. Après Quiberon, la Vendée demeure et, chez les Chouans, Scépeaux, Boisguy, Frotté, Rochecot, La Vieuville, un peu plus tard Cadoudal, Guillemot, Sol de Grisolles, etc., sont toujours ou seront bientôt en armes. C'est à peine si les premiers ont eu connaissance du désastre, tant la partie était bizarrement engagée et les liens relâchés ou inexistants entre les divers éléments de l'insurrection. Il en résulte que l'échec de Puisaye n'a eu qu'un retentissement modéré sur ces lointains combattants devant lesquels Hoche, obligé de faire flèche de tout bois, n'a pu maintenir qu'un simple rideau de troupes et dont l'audace s'en est notablement accrue.

Dans l'armée de Scépeaux, composée de 14.000 jeunes gens fort lestes et vigoureux (d'Andigné) et où étaient entrés avec des commandements les deux Turpin, Châtillon, d'Avoisne, d'Andigné lui-même, qui n'était encore que le chevalier de Sainte-Gemmes, et ce Bourmont qui, après avoir abandonné l'Empereur à la veille de Waterloo, devait prendre Alger et mourir maréchal de France, l'opération la plus retentissante avait été l'enlèvement de Segré par Ménard, dit *Sans-Peur*, et le chevalier de Turpin : toute la garnison fut passée par les armes. — Mais, chez Boiguy, les coups de main succédaient aux coups de main et souvent l'un n'attendait pas l'autre : Pontbriand, Boishamon, Bouteville, les deux Châlus, le vieux Couësbouc, presque septuagénaire et conservant dans la chasse aux Bleus sa carabine, sa casquette à visière et ses procédés d'ancien chasseur de loups, se multipliaient sous ce chef adolescent, d'un allant extraordinaire au point de prendre les Bleus à la course, moins pour les occire que pour les enrôler dans ses bandes, quand il leur avait trouvé quelque mérite, et dont la férocité semble avoir été une invention de ses adversaires : s'il n'a pu se disculper complètement de l'incendie du Tremblaye où une partie de la garnison républicaine périt grillée dans le clocher, on le voit témoigner d'une sévérité implacable envers des Chouans qui, au combat de La Piochais, où périt son frère Guy, avaient détourné vers un chemin creux la berline de deux jeunes filles de condition, Mlles Fesselier et Cholé, qu'ils fusillèrent après les avoir dévalisées. Et il reste que la prise de Saint-James, de Romsey, de Rémon, les combats de Juvigné et de la Pellerine comptent parmi les plus brillants faits d'armes de l'insurrection haut-bretonne.

Dans l'armée de Frotté aussi, la dernière à se mettre en campagne comme elle sera la dernière à déposer les armes, les gains étaient sensibles et, à l'instigation de ce chef hardi, au nez court, même un peu cassé, mais au front ouvert, aux cheveux bruns tombant en boucles sur les épaules, aux yeux noirs, grands et pleins de feu, qu'on voyait tantôt à pied, tantôt sur un petit cheval bocain, vêtu de son éternel dolman de hussard gris, un pistolet et un poignard passés dans sa ceinture à la matelote et la tête coiffée, sur un mouchoir d'indienne, d'un tricorne à plumet noir et à cocarde blanche, l'insurrection, limitée d'abord à l'Avranchin et au district de Vire, avait gagné peu à peu la Seine : Pontorson cerné, Villedieu, Granville, Mortain menacés, Avranches coupée de toute communication, c'est, avec vingt petits combats qui sont autant de victoires, le bilan des premiers mois du soulèvement. Heureux effets de la bonne organisation donnée par Frotté à ses troupes réparties en 21 divisions, selon Bruslard, sous des chefs comme Mandat, Moulin, Saint-Paul, Marquerye, La Roque-Cahan, d'Oilliamson, d'Aché, le comte de Ruays, Godefroy de Boisjugan, Louvet de Monceaux, Bruslard lui-même et quelques autres moins notoires sortis de la rude matrice campagnarde ou importés de l'émigration par la voie maritime. Il appelle ses hommes les *Chasseurs du Roi* et, dans ce nom, il enveloppe indifféremment les volontaires chouans et les déserteurs des troupes républicaines ; puis, trouvant certains inconvénients à cet amalgame, il compose une brigade spéciale de déserteurs, dont le premier noyau fut le peloton de vingt-sept dragons embauchés à Rouen en septembre 1795, et qui, constituée ainsi en une sorte de légion étrangère de la Chouannerie, se pique d'émulation et fait merveille à côté des Chouans réguliers. Le déserteur passe même quelquefois en crânerie le Chouan : tel ce Graindorge qui, pris par les Bleus et condamné à mort, répond a un sergent qui lui propose un verre d'eau-de-vie pour se donner du cœur :

— Un royaliste doit mourir de sang-froid.

Dans le trajet il avise un des soldats de l'escorte : Grenadier, prête-moi ta pipe ; arrivé sur le lieu de l'exécution, il refuse de se laisser bander les yeux ; il demande comme unique grâce de mourir debout ; on le lui accorde et il tombe après avoir crié : Vive le roi ! et commandé lui-même le feu. Pour consacrer son souvenir, Frotté donne à sa compagnie le nom de guerre qu'il portait : la Grenade. Une autre création heureuse du général normand fut ce corps des *Chevaliers de la Couronne*, où il n'avait voulu enrôler que des gentilshommes de seize à vingt ans, héros imberbes, plus avides qu'aucun de se distinguer à cet âge où la passion de la gloire n'est pas altérée par la crainte de la mort. Ensuite sans doute, et après cette brillante entrée de jeu, la roue tourne, la fortune se montre moins fidèle. C'est que Hoche n'est plus loin. Rochecot, qui, dans une province voisine, le Maine, a pris la direction du mouvement, en prévient Frotté le 18 mars :

L'état actuel de Charette a permis aux républicains de faire refluer partie de leurs troupes sur d'autres pays insurgés ; c'est surtout au vôtre et au mien qu'ils en veulent en ce moment.

Sur la lisière même du Morbihan et de l'Ille-et-Vilaine, dans les districts gallots des Côtes-du- Nord, sauf autour de Saint-Brieuc où Le Veneur de La Roche n'avait pu réorganiser l'ancienne division de Boishardy, et dans le district bretonnant de Rostrenen, la Chouannerie, quelques mois après Quiberon, avait repris vie et confiance. Mais, assagie par l'expérience, elle ne travaillait plus qu'en petites bandes. Manœuvrée par des risque-tout comme La Vieuville, Saint-Régent, Legris-Duval, Carfort, du Cheyla, les frères Colas de La Baronnais, Stévenot, dit *Richard*, fils d'un corroyeur de Reims qui se faisait passer pour bâtard de Louis XV et marchait au feu, comme La Tour d'Auvergne, le sabre sous l'aisselle, cette poussière d'armée n'en était pas moins à peu près maîtresse du haut-pays ; elle faisait la loi, dit l'abbé Pommeret, dans soixante-huit paroisses du département. Peu d'actions importantes, bien que, le 17 janvier, les faubourgs de Dinan soient envahis et qu'en avril Guingamp n'évite le sac que de justesse. Dans la pluralité des cas, c'est l'habituel déroulement d'attaques de courriers et de convois, de pillages de caisses publiques, d'assassinats de prêtres jureurs et de fonctionnaires trop zélés, comme ce Le Roux Chef-du-Bois, ancien président du tribunal criminel, qui avait fait condamner à Lannion et guillotiner à Tréguier — peut-être par dépit d'amoureux évincé — la citoyenne Taupin, femme du valet de chambre de Mgr Le Mintier, convaincue d'avoir recélé deux prêtres réfractaires : Le Roux tombera sous les coups du mari revenu tout exprès de l'émigration pour ces sanglantes représailles ; la tradition veut que le ciel se soit chargé de la vengeance des deux prêtres et que le paysan de Brélévenez qui les dénonça ait été frappé jusqu'à la troisième génération dans sa postérité dont tous les membres, sauf un, naissaient idiots et fournirent à Joseph Conrad le sujet de son dramatique récit.

Reste le Morbihan. La situation — et au début seulement — n'est vraiment différente que là, dans cet *hinterland* de Quiberon tenu à merci par Lemoine, le bourreau des émigrés, et où, avec ses colonnes mobiles, il multiplie les battues et les rafles ; là, l'insurrection, traquée, est bien obligée de se terrer provisoirement, de se contenter d'attentats isolés, d'exécutions furtives, comme celle de l'ancien carme Cassac, espion et jureur, ou celle du général républicain d'Esneval, ci-devant passé aux révolutionnaires et prévenu d'avoir épousé par force une Lantivy dont il fut d'ailleurs copieusement pleuré. Ce provisoire dure assez peu et l'on est tout surpris de voir le Conseil royaliste du département, dès le 22 octobre et sans même attendre l'avènement du Directoire, ordonner la reprise immédiate de l'insurrection. La Convention va mourir, une ère de sang est close. La France commence à respirer, — sauf dans l'Ouest, bien entendu, où c'est toujours le régime de l'état de siège. Mais Hoche, esprit méthodique, qui aborde les difficultés l'une après l'autre, ayant écrasé les royaux à Quiberon, remet à demain de faire subir le même sort aux Chouans et court, avec toutes ses forces, écraser la Vendée chez elle. Il n'a laissé sur place que le minimum de contingents nécessaire à maintenir l'ordre et l'occasion paraît bonne au Conseil royaliste où siège et qu'inspire le fameux abbé de Boutouillic, ancien vicaire général de Mgr Amelot. Ainsi furent décidées les affaires de Poublaye, du pont de Brovel, d'Elven, de Sarzeau, de Colpo, du Maigrit, de Locminé-Bignan qui ne tournèrent pas toutes à l'avantage des intéressés : à Elven notamment, Cadoudal, le 4 novembre 1795, toujours à cheval et drapé dans son grand manteau bleu, s'est heurté à la résistance victorieuse d'un bataillon de ces grenadiers de l'Ain qualifiés par le commissaire Dénouai, pour leur propension chapardeuse, de torrent dévastateur et qui tenaient comme roc sur leurs positions défensives ; l'émigré d'Andlar, en approchant une botte de paille enflammée de la caserne où ils étaient retranchés, fut tué d'un coup de fusil à quelques pas de Cadoudal, magnifique de sang-froid sous les balles, mais inapte à conduire un siège. Six mois plus tard, la Vendée jugulée, le tour des Chouans venu et Lemoine parti vers une autre destination, Quantin, qui l'a remplacé à la tête des forces du département, s'il est moins féroce, ne se montre pas moins pressant. Le 21 germinal (10 avril), il a donné à Hoche, en tournée d'inspection à Vannes, sa parole que le 5 messidor (23 juin), il n'existerait pas un seul Chouan dans le Morbihan. Promesse aventurée, mais qu'il fait tout au monde pour tenir — et qu'il tiendra. En attendant, Sol de Grisolles alerte sa division dans l'espoir de surprendre le généralissime qui rentre à Rennes par Locminé et Loudéac. Quantin, méfiant, a par bonheur pris ses précautions : Hoche en est quitte au Pont-du-Loch pour quelques salves inoffensives. Mais le lendemain (30 germinal-19 avril), sur la lisière des landes du Mené, l'attentat d'un frénétique, Lantivy du Rest, ancien lieutenant de Trousser, congédié par ses troupes qui le trouvaient trop dur vis-à-vis des Bleus (Le Falher) et qui veut mourir dans un coup d'éclat, ne rate que par la maladresse du tireur. Lantivy, comme un bon disciple de Jean-Jacques, s'est assis sur un talus, les pieds pendants, le nez dans un livre, mais sa carabine dans l'herbe à portée de sa main. Hoche envoie reconnaître par deux chasseurs ce liseur solitaire qui, le voyant arrêté, saisit ce moment pour l'ajuster et ne réussit qu'à fracasser l'épaule d'un des cavaliers de l'escorte : les chasseurs détachés vers lui le sabrèrent si rageusement que, suivant une tradition, on dut rouler ses morceaux dans un drap pour les emporter au cimetière.

Quelques autres tentatives, sur Muzillac notamment par Sol de Grisolles et Mercier La Vendée, ne tournent pas plus avantageusement pour les bandes morbihannaises qu'achèvent de décourager leurs défaites caractérisées de Gueltas, de Silfiac et de Malbrand. Quantin est décidément homme de parole et les Chouans commencent à s'en apercevoir. On connaissait avant lui les cantonnements et les réquisitions, mais on ne s'en était pas servi avec cette maîtrise, on n'avait pas donné au système cette extension : grâce aux troupes fraîches que ne cesse de lui envoyer Hoche, qui peut faire sans risque le généreux depuis qu'il est débarrassé de tout souci du côté de Stofflet et de Charette, Quantin a jeté sur le pays un réseau si serré de postes et d'avant-postes que passer au travers est à peu près impossible : tantôt l'un, tantôt l'autre y reste, hier le chevalier de Montmuran, aujourd'hui le courrier de Cadoudal. Vraie toile d'araignée dont les Chouans sont les mouches : qui n'y laisse pas sa vie et quelquefois son honneur, comme le comte de Vaugiraud, y laisse au moins ses dépêches, comme le chevalier de La Garde. Tous les plans des conjurés sont éventés, connus, déjoués. Qu'arrive-il donc ? D'où viennent les mauvais regards que se lancent ces chefs qu'on nous disait si unis ? Et sont-ce là les effets de cette autorité prestigieuse que les historiens attribuaient à Cadoudal ? J'ai semé parmi eux l'ivraie de la méfiance, écrit Quantin au ministre de la Guerre le 21 prairial. Et Cadoudal confirme : Nous étions entourés de traîtres, d'espions... tous les moyens furent employés auprès de nos soldats.

Le plus opérant fut la réquisition. C'est une chose d'ordonner qu'on enlèvera les bestiaux, les fourrages, les grains d'une ferme, qu'on frappera les communes d'une taxe, d'un emprunt forcé, et c'en est une autre, dans les pays insurgés, de pourvoir à l'exécution de cet ordre. Quantin l'avait appris à ses dépens en plusieurs occasions et, le 10 mars, au Maigrit, où il avait laissé sur le carreau soixante de ses hommes. Mais maintenant, avec les forces dont il dispose, la réquisition n'est qu'un jeu, et les soldats-paysans de Cadoudal, de Guillemot, de Grisolles, de Silz, de Roquefeuil, de Franque ville, etc., doivent assister, en se rongeant les poings au déménagement de leurs étables et de leurs granges. Bien pis : Quantin menace d'incarcérer leurs parents, leurs amis.

> Mon camarade, écrit-il le 13 floréal (2 mai) à son adjoint
> Auguste Mermet, il faut que tous les bestiaux, que tous les

chevaux et que tous les riches et notables des communes imperturbablement rebelles de Bignan, de Saint-Jean-Brévelay, de Plumelec, Saint-Aubin, Callac et Saint-Allouestre soient enlevés de suite et conduits à Pontivy ou à Locminé ou à Josselin et de préférence à Vannes. Indépendamment de cela il faut que chacune de ces communes, qui depuis 91 n'ont rien payé, vous comptent chacune 25.000 francs, monnaie métallique, somme que vous consignerez à titre de dépôt seulement dans les caisses des payeurs. De préférence, néanmoins, mon cher ami, frappez vigoureusement et même rigoureusement les pères, mères et tuteurs de Chouans et les riches égoïstes des campagnes qui ne peuvent être des nôtres. Faites-les tous incarcérer et, en sus des amendes prononcées, exigez, pour chacun d'eux, 10 fusils tant de munitions qu'anglais et 200 cartouches à balles de poudre fine.

Divisés, mécontents, suspects à eux-mêmes et à leurs troupes, que les chefs morbihannais regrettent aujourd'hui l'organisation démagogique qu'ils se sont donnée, les ferments de discorde qu'ils ont introduits parmi eux en rejetant Puisaye, en ne lui faisant grâce de la vie qu'à condition de porter ailleurs ses intrigues ! Les voilà qui viennent à jubé, Georges au premier rang, et qui, par un message du 27 avril, antérieur même à l'ordre de réquisition générale de Quantin, le supplient de reprendre sa place à leur tête ; ils jurent que l'expérience du passé leur servira, qu'ils sacrifieront tout désormais à la réussite de la cause commune. Et cependant ils ne font point mystère à leur correspondant du triste état où cette cause est réduite et, avec elle, la petite armée chouanne, noyée, submergée sous le débordement des forces républicaines.

Dans les postes où, il y a deux mois, il n'y avait que 100 hommes, on en compte jusqu'à 1.000. D'après les rapports des autres armées, il paraît qu'elles se trouvent toutes dans le même cas. Nous craignons bien qu'un jour la Bretagne ne subisse le sort de l'armée de Charette.

On se bat encore pourtant ; on expédie çà et là, par habitude, un maire, un jureur, un suspect ; on essaie de surprendre une colonne mobile et le plus souvent on est rossé et l'on n'a rien empêché, ni les réquisitions, ni les arrestations, ni les occupations. Guillemot lui-même, le roi de Bignan, connaît cette honte suprême de voir la capitale de son royaume occupée par 200 Bleus aux ordres du citoyen Bosquet et de n'oser intervenir. Sur quoi il se décide et, avec Mercier *La Vendée*, général en second, d'Allègre, Trécesson et du Chélas, divisionnaires, il adresse par billet sa soumission à Mermet. On est au 8 juin ; dès la fin de floréal, du Bot cadet s'était soumis, et Mercier, d'Allègre, le 12 prairial (31 mai), en plus de Roquefeuil, avaient ouvert les pourparlers avec Quantin ; le 17, le 20, les négociations continuent ; le 24 Hoche est à Vannes et y reçoit Cadoudal, Mercier, du Chélas, Guillemot *Sans-Pouce*, ainsi nommé d'une infirmité de sa main gauche qui sert à le distinguer du roi de Bignan, et deux autres chefs chouans non identifiés. Le P. Le Falher, a qui l'on doit ce relevé méticuleux et si précieux des successives redditions morbihannaises, croit que c'est dans cette entrevue que le général en chef détermina les clauses du traité, entendons par là que c'est dans cette entrevue qu'il fit connaître ses conditions aux rebelles, car elles ne comportaient point de discussion, sauf peut-être sur des points de détail, étant les mêmes pour tous, fort douces en outre et allant jusqu'à la limite des concessions permises. Cadoudal les accepta le 26 prairial (14 juin) ; d'Allègre et Saint-Romain le 30 (18 juin) ; Trécesson, La Nougarède et Silz le 3 messidor (21 juin) ; du Chélas et du Bouays le 5 (23 juin). Ce même jour, qui était la date fixée par Quantin, tout était fini et, suivant sa parole, il n'y avait plus un seul Chouan en armes dans le Morbihan.

Mais il y en avait encore dans les autres départements insurgés, parce que Hoche ne voulait pas recommencer la Mabilais et, à une conférence générale, toujours dangereuse, préférait le système des tractations particulières. Quand donc, le 12 messidor suivant (30 juin), Georges écrit au recteur de Berric, Guillaume Jégoux, pour ramener à une vue plus nette de la situation ses peu accommodants paroissiens : Il nous reste, pour tout, le Morbihan... Il n'y a plus d'espoir raisonnable, c'est, quoi qu'on ait dit, le besoin de se justifier près d'une fraction intransigeante de ses troupes plus que la démoralisation, le désespoir, qui lui dictent ces lignes inexactes. Car le Morbihan a traité le second, avant la Normandie, la Haute- Bretagne et le Maine. Frotté est plus en droit que Cadoudal d'écrire à ses soldats : Nous seuls restons pour soutenir une guerre aussi juste que légitime. Cadoudal semble avoir été fortement impressionné par la reddition inopinée de Scépeaux qui, dans sa hâte de traiter, ne voulut même pas attendre la réponse de Puisaye, près duquel il avait détaché Châtillon et d'Andigné : dès le 14 mai, le chef de l'Anjou chouan acceptait les conditions de Hoche. Les raisons qui l'avaient conduit à renoncer étaient sensiblement les mêmes que celles qui décideront Cadoudal et ses divisionnaires : l'afflux des troupes républicaines, les réquisitions, les amendes, les incarcérations. En sus, la crainte de manquer de pain et déjà la disette de vin et d'eau-de-vie. Le licenciement, de toute façon, s'imposait, selon d'Andigné. Soit, mais en plein accord avec les autres chefs. Le parti royaliste est un, rappelait justement Puisaye à Scépeaux, comme le roi pour lequel il combat. Une portion ne peut traiter sans l'autre. Vaines admonestations. La capitulation de Scépeaux entraîna, déclencha automatiquement celle de Cadoudal, car la reddition presque concomitante de trois ou quatre petits divisionnaires de la Mayenne et d'Ille-et-Vilaine, d'Escarboville, Sévère de La Bourdonnaye, etc., n'aurait point eu d'influence sur les Morbihannais. Tant y a qu'en traitant le 14 juin Cadoudal distançait de deux jours Apuril, le divisionnaire de Mordelles, qui ne traita que le 16 avec Travot, et, de plusieurs jours. Frotté, Boisguy et Pontbriand, dont le dernier ne se rendit que le 30 juin à Spithal.

Presque tous sans doute étaient à bout de souffle, mais Frotté surtout : le 19 février dans la nuit, quand avec ses Chouans, la chemise passée pardessus leur pantalon pour se reconnaître dans l'obscurité, il se jetait sur Fougères, mal gardée, il ne s'attendait pas en être refoulé si vite par une garnison que les roulements de la générale avaient alertée en quelques minutes ; moins heureux encore, le 31 mars, devant Tinchebray qu'il essaye d'incendier, ne pouvant réduire sa garnison, inférieure des deux tiers à sa troupe, mais soutenue, portée par la population et les femmes elles-mêmes qui rafraîchissent à grands seaux d'eau les couvertures mouillées sous lesquelles se battent les 250 hommes du lieutenant Valentin, il perd dans cette affaire une centaine des siens, dont vingt officiers. Et cela ne l'empêche pas peu après, avec l'héroïque Mandat, qui l'a rejoint dans la forêt de Saint-Jean, de s'embusquer à Préaux, sur la route de Domfront, de tomber sur le général Ta Rue et de lui enlever son convoi. Il est tenace et il sait se retourner : ce sont ses vertus principales. Ta Ferté-Macé, Couterne, bourgs fortifiés, lui résistent ; Alençon échappe à son lieutenant

Médavy : il se rabat sur Fiers ; il combine avec Boisguy un coup sur les postes républicains de la côte pour assurer un débarquement anglais d'armes et de munitions ; Mandat est encore vainqueur au Grand-Celland (i er juin), où un millier de Bleus s'affrontent à autant de Chouans et succombent après une lutte sanglante de huit heures. L'affaire du Pas (15 juin), menée par Frotté en personne, fut son chant du cygne. Il ne tenait plus ses hommes ; chaque jour quelqu'une de leurs bandes se rendait ; il les voyait se détacher de lui comme les feuilles de l'arbre touché par l'automne. Les causes qui avaient agi ailleurs ne pouvaient manquer d'agir ici, mais avec des effets variés. Alors que dans le Morbihan les paroles étaient peu opérantes, le verbe pacificateur de Hoche, ses appels au désarmement, à la réconciliation, dont il marchait partout précédé, reprenaient céans tout leur empire. En Vendée même, Stofflet, Charette, étaient moins tombés sous les balles de ses grenadiers que sous l'action énervante de ses proclamations qui faisaient glisser le fusil des mains. Que ne promettait-il ou ne laissait-il espérer aux insurgés qui se rendraient ? Pas seulement l'amnistie, mais encore la liberté du culte, la remise des taxes arriérées, jusqu'à un régime de faveur pour les jeunes gens de la réquisition auxquels le travail des champs serait compté comme un temps de service aux frontières... Les administrations départementales et municipales trouvent bien excessives ces concessions, grognent, dénoncent dans Hoche un nouveau Cromwell : il n'en a cure. L'obstination de Frotté, son caractère chevaleresque, peut-être aussi certain souvenir d'une entrevue où les deux hommes avaient sympathisé sur plus d'un point, inclineront Hoche à faire ce qu'il n'avait pas fait pour Scépeaux ni pour Cadoudal, à prendre les devants et à lui offrir par le général Dumesny une trêve et une conférence. Celle-ci se tiendrait au château de Couteme, berceau de la famille de Frotté et où il avait passé dans sa jeunesse tant de jours heureux ; Dumesny s'y rendrait seul, avec un adjudant ; connaissant ses principes, le général ne voulait rien lui proposer qui pût toucher à son honneur et, malgré toutes ces précautions de style, Frotté ne put aller jusqu'au bout de sa lecture et s'évanouit comme une petite maîtresse. Incapable de supporter la pensée d'une capitulation, lui qui avait refusé sa signature au traité de la Mabilais, et se rendant compte cependant de l'impossibilité de toute résistance, il chargea le vicomte de Chambray, président du Conseil de l'armée normande, de suivre à sa place les négociations et s'embarqua pour l'Angleterre avec son frère et Marquerye. Il n'avait rien signé, cette fois encore, rien demandé, rien promis pour lui-même, et il eût donc été parfaitement libre de ne considérer cette paix que comme une trêve, un moyen de se préparer à reprendre la guerre avec plus d'avantage, si, par deux lettres au général Dumesny et à ses propres troupes, il n'avait engagé la signature de celles-ci.

Sophismes et contradictions de l'esprit de parti, ne peut s'empêcher de remarquer à ce propos son biographe et panégyriste habituel Fouis de La Sicotière. Cet homme qui, par un sentiment de délicatesse, au risque d'être pris et fusillé au coin d'une haie, refusait sa signature à un traité jugé nécessaire par la plupart de ses camarades et dont il était le premier à leur conseiller l'acceptation, n'éprouvait, en apparence, aucun scrupule à avouer que ce traité n'était qu'un leurre, à y compromettre l'honneur de ces braves gens dont le sien était pourtant solidaire.

C'est Cormartin, le jésuite Cormartin, qui avait mis à la mode dans les traités cette casuistique funeste, cette pratique des restrictions mentales dont les émigrés ne se sont qu' incomplètement justifiés en arguant qu'il y avait encore moins de sûreté dans la parole de leurs adversaires, et Frotté, par ailleurs si noble, si généreux, était affligé d'un véritable impétigo scripturaire qui lui faisait prendre la plume à tout propos. Au demeurant et en la circonstance on lui préfère Rochecot licenciant ses troupes sans recourir à l'encrier et disparaissant comme il était venu, ou même un Puisaye, abandonné de Boisguy, dont il est l'hôte et qui le déteste, ne conservant plus pour sa sauvegarde qu'un petit peloton d'émigrés formés en *Compagnie des Chevaliers catholiques* sous les ordres successifs de Péan de Saint-Gilles et du vicomte de Chapdelaine et continuant avec cette poignée de don Quichotte sa guerre à la République. Le maudit Puisaye ! s'écrie Hoche. A celui-là il ne daigne ou peut-être n'ose-t-il pas parler d'amnistie ou de capitulation. Il connaît la puissance d'illusion du personnage et son orgueil incommensurable qui tient tête aux princes et va jusqu'à lui faire s'écrier dans le moment où tout craque, où le sol cède sous ses pieds :

— Je puis me faire duc de Bretagne quand je voudrai. J'ai 200.000 partisans à ma disposition.

L'homme qui parle avec cette superbe pourra se résoudre lui aussi à passer le détroit, non en vaincu et après avoir mis bas les armes, mais pour attiser la haine anglaise, la décider à un nouvel effort. Il connaît la Révolution ; il la sait incapable d'une politique de modération suivie. Lt les événements lui donneront raison : assez large envers les hommes, plus chiche envers les chefs, l'amnistie n'est en trop d'endroits qu'un mot vain. Hoche a beau s'interposer : les directoires départementaux, les administrations locales saisissent tous les prétextes pour remettre la main sur ceux en qui leur haine ou leur peur n'a pas cessé de voir des ennemis. Chambray est arrêté à Rouen, Moulin à Mortain, Jean Jan à Baud, Silz à Arzal, Scépeaux à Nantes, Billaud à la Ferté-Macé, Mandat — qui, blessé, n'a pu suivre son chef — à Caen, Boisguy au Boisguy d'où il est jeté à la tour Grainetière, la plus mal famée du donjon de Saumur. On guillotine tous les jours des prêtres à Vannes, écrivait un peu auparavant Hoche au directoire. Tous les jours aussi les vieilles femmes et les jeunes garçons viennent tremper leurs mouchoirs dans le sang de ces malheureux, et bientôt ces monuments d'horreur servent de drapeaux aux fanatiques habitants des campagnes. On ne guillotine plus, la paix signée, mais on fusille encore quand l'occasion s'en présente et au mois d'août 96, Videlo constate que les prêtres sont obligés de se cacher aujourd'hui comme auparavant ; ce qu'ils ont de mieux, ajoute-t-il, c'est que, les Républicains ne courant pas tant les campagnes, ils peuvent voir de temps en temps le soleil. Les choses en viennent là que Cochon de Lapparent, le nouveau ministre de l'Intérieur, est obligé de rappeler aux administrateurs l'article de la loi du 7 vendémiaire par lequel les membres du clergé ne sont plus astreints au serment, mais à une simple déclaration : encore conseille-t-il de ne pas les y assujettir trop sévèrement pour ne pas troubler de nouveau la tranquillité publique. Autant en emporte le vent. L'armée elle-même n'observe pas partout les conditions du traité : elle pille, vicie, incendie ; elle n'est, en un trop grand nombre de corps, qu'un ramassis de scélérats qui inspirent au généralissime le dégoût de son métier et aux insurgés le légitime regret d'avoir fait leur soumission. Mais Hoche, de son côté, n'échappait que par miracle à une tentative d'assassinat, et le pistolet, si maladroitement braqué contre lui, à Rennes, à la sortie du théâtre, le 16 octobre 1796, par l'ouvrier Moriau, avait été chargé par une main royaliste.

— Malheureux ! as-tu une femme, des enfants ? demande Hoche à son assassin qu'il a fait venir dans sa chambre pour l'interroger en dehors des commissions publiques.

Et comme Moriau, sanglotant, avoue que la faim seule l'a poussé au crime, qu'il a vendu son bras pour un écu, Hoche le congédie en lui remettant vingt-cinq louis pour sa famille.

Le grand soldat qui achève de s'imposer à notre admiration par ce geste cornélien n'a pas encore vingt-huit ans : les ombres qui gâtaient un peu jusqu'ici cette belle figure se sont estompées, effacées ; il est à ce point de la courbe où l'ambitieux à fond d'honnête homme peut sans danger pour son ascension découvrir le monde moral, les plaines austères de la conscience. Peu content de pardonner à ses ennemis personnels, il intervient pour les ennemis de l'État ; il ne reste plus neutre entre eux et les complices de l'atroce Tallien, comme au lendemain de Quiberon ; il n'est plus le Ponce-Pilate soucieux d'abord de ne pas se compromettre, et il parle ferme et net au nom de l'humanité et de l'intérêt supérieur du pays. Le 1er messidor an IV, il écrivait à sa femme : Tu peux assurer que la guerre des Chouans est finie, ainsi que celle de la Vendée. Peut-être la Chouannerie lui a-t-elle paru plus difficile à réduire que la Vendée, au point qu'il a un moment désespéré d'en venir à bout. Puisaye, avec ses adresses, son sens de l'intrigue, lui faisait plus peur que Stofflet et Charette avec tout leur génie militaire. Pour en terminer avec cette guerre affolante contre un ennemi insaisissable, où chaque talus dissimule un combattant, où de chaque souche de chêne, de chaque coin de champ ou de rue peut partir un coup de fusil ou de pistolet mortel, il ne recule devant aucune concession d'amour-propre ; il prête l'oreille aux suggestions de la cousine même de Scépeaux, la vicomtesse Turpin de Crissé, une royaliste, mais clairvoyante, qui de son château écarté d'Angrie, se rend compte que ces luttes fratricides sont sans aboutissement et qui a travaillé déjà une première fois à la pacification de l'Anjou : Après maintes allées et venues, dit Mathilde Alanic, la délicate négociatrice trouve le généralissime aussi désireux qu'elle de voir s'établir la concorde ; elle éprouve dans les entrevues suivantes, jusqu'à l'extrême limite, la générosité de l'adversaire ; enhardie par ces concessions qu'on eût pu croire les dernières, elle ose en demander et en obtient de nouvelles : ouverture des prisons, sauf-conduits pour les émigrés qu'elle aura le droit d'hospitaliser en attendant de quitter la France. Dans sa reconnaissance, son émerveillement de cette largeur d'esprit accordée à tant de magnanimité, elle s'écrie :

— Général, si vous ne voulez pas faire roi Louis XVIII, que ne vous faites-vous roi vous- même ?

L'ingénuité d'une telle question eût bien excité la verve de ce La Vieuville qui commandait entre Dinan et Saint-Malo la plus importante division des Côtes-du-Nord et qui, pour avoir eu Hoche sous ses ordres, croyait pouvoir conserver avec le général en chef des armées de l'Océan le même ton supérieur qu'avec le sergent aux gardes-françaises. La Vieuville venait de tomber dans une embuscade en quittant Puisaye ; son cadavre gisait quelque part dans la forêt de Villequartier : Hoche songeait que les La Vieuville se comptaient par centaines chez les émigrés, que le préjugé du sang l'emporterait toujours chez eux, qu'une Turpin de Crissé était l'exception et qu'aussi bien, ayant pacifié la France et lui-même, il connaissait la plus haute des royautés, il pouvait répéter après Auguste :

Je suis maître de moi comme de l'univers....

Entraîné hier encore dans le courant d'athéisme universel, il entend aujourd'hui que l'enfant qui va naître de sa chère Adélaïde suive un culte, pratique une religion ; il voit là une sauvegarde et un réconfort, la satisfaction d'un besoin de l'âme trop méconnu et qu'il commente à sa jeune femme dans une langue touchante de gaucherie ; au Directoire il demande qu'on ne revienne pas sur la question du serment, première cause des maux qui ont désolé ces malheureuses contrées ; à Rennes, le 29 mai, pour la fête des Victoires, il invoque publiquement l'Eternel et lui fait hommage de celle qu'il a remportée, de la paix équitable qui l'a couronnée.

En vertu des dispositions générales de cette paix, tous les combattants, officiers ou soldats des armées insurgées qui avaient fait leur soumission étaient amnistiés, les jeunes gens de la réquisition mis en congé définitif, les déserteurs réintégrés dans leur ancien corps, les prêtres réfractaires laissés ou remis en liberté. La dictature militaire prenait fin du même coup et, avec elle, l'odieux régime des réquisitions et des charrois obligatoires. Seuls les émigrés restaient des émigrés : la patrie les rejetait à l'exil, mais les munissait de sauf-conduits pour le voyage. En somme, comme l'observait d'Andigné aux têtes chaudes de sa compagnie, tous les avantages de cette paix étaient pour les hommes, puisque les émigrés étaient tenus à quitter la France et que leurs propriétés restaient sous le séquestre. Ici, comme à Berric, les plus obstinés ne sont pas les chefs.

Le cliquetis sec des chiens de fusil armés et désarmés au cours de l'orageuse explication témoignait des sentiments divers par lesquels passait l'auditoire, ébranlé, mais non convaincu. Le caractère démocratique de l'insurrection s'affirmait une fois de plus. L'estimable gentilhomme ne disait pourtant que la stricte vérité, et les émigrés, dans ces conventions, n'avaient rien stipulé, demandé aucune faveur pour eux-mêmes. Tant de désintéressement doit bien leur être compté par l'Histoire, si facilement et quelquefois si justement sévère pour eux sur nombre d'autres points.

CHAPITRE XIV

FRUCTIDOR

HOCHE, qui avait annoncé au Directoire que les troubles de l'Ouest étaient enfin apaisés, le Directoire, qui en avait donné tout de suite la nouvelle aux Cinq-Cents (15 juillet 1796), ne s'étaient vantés ni l'un ni l'autre : l'Ouest était officiellement pacifié. De désarmement, suivant les lieux, s'opéra avec plus ou moins de bonne grâce. Même dans la région de Segré, où les chefs n'avaient apporté aucune restriction secrète à leur soumission, d'Andigné avoue que c'étaient les armes les plus médiocres de chaque compagnie dont les capitaines faisaient la remise aux autorités. Des fusils calibrés, pistolets doubles, canons, obusiers et autres armes de provenance anglaise, il n'était pas question, mais on savait où les retrouver. Ainsi la Chouannerie restait prête pour une nouvelle levée, si le besoin s'en faisait sentir. Mais, d'une façon générale, ses éléments licenciés ne souhaitaient point de rentrer en action. D'Andigné exagère à peine quand il dit qu'on vit avec étonnement les campagnes de l'Ouest passer tout d'un coup de l'agitation la plus violente au calme le plus parfait et tous les soldats royalistes reprendre leurs travaux comme s'ils ne les avaient jamais interrompus.

Tous ? Non sans doute. Dans les Côtes-du-Nord notamment, des émigrés et des déserteurs, par groupes de sept à huit, parcouraient toujours les campagnes de la région jadis chouannée (Pommeret), mais sans y faire grand dégât au bout du compte puisqu'on ne peut leur attribuer qu'un assassinat, à Laurenan : c'étaient, autour de Dinan, les deux frères Colas de La Baronnais — qui ne tarderont pas à poser les armes — ; Richard, le prétendu bâtard de Louis XV, plus résistant et qui entretenait une correspondance active avec les îles anglaises ; dans les districts de Saint-Brieuc et de Loudéac, Le Veneur de La Roche — soumission le 21 juillet — et Legris-Duval, dont le manoir de Bosseny était et restera longtemps encore la principale agence de désertion des Côtes-du-Nord ; sur la lisière du Morbihan et dans le Morbihan même, Saint-Régent, Lamour-Lanjégu, les Plessis de Grénédan, Troussier, etc. Puisaye enfin, l'ubiquiste animateur de la Chouannerie, qu'on avait vu au cours des événements qui précèdent tantôt dans la division de Vitré, tantôt dans celle de Fougères, transportant son Q. G. de château en château et, en dernier lieu, à Marigny, chez la sœur de René, mais qu'on arrivait toujours trop tard pour y appréhender, Puisaye était signalé sur plusieurs points de la région, Locminé, la Trinité-Porhoët, etc., travaillant à coordonner ces efforts isolés et n'y réussissant pas, traversés qu'ils étaient par les renseignements secrets que Valletaux tirait d'un complice mystérieux, natif, croit-on, du canton de Saint-Méloir et chef d'une division insurgée.

Quel espoir insensé avait retenu sur le continent ces quelques émigrés, d'ailleurs presque tous d'assez petite marque, et que n'avaient-ils profité des facultés à eux offertes de regagner l'Angleterre ? Il en était peut-être, tant l'illuminisme breton est tenace, qui croyaient à un retour de fortune, mais la plupart, dénués de ressources, reculaient devant les perspectives sans attrait de l'exil londonien. Au pays, chez leurs anciens fermiers, chez les amis, les parents, qu'ils avaient conservés en des manoirs perdus, ils trouvaient une hospitalité abondante, des facilités d'existence inconnues de l'autre côté du détroit. Et enfin c'était le pays, son odeur qu'on n'oublie plus quand on a cessé une fois de la respirer. — Pour les déserteurs, catégorie de combattants assez peu estimable en généra], les mêmes raisons qui leur avaient fait quitter le service de la République, à savoir l'insuffisance de solde, le manque de vêtements, de souliers, quelquefois de nourriture, les faisaient répugner à y reprendre leur place. Un certain nombre s'y résignèrent, mais beaucoup préférèrent garder le maquis. Ces armées de la République, même après la pacification, présentaient si peu de séduction que journellement des hommes, et non seulement des soldats, mais des officiers comme Duviquet et Billard de Veaux, s'en détachaient qui venaient grossir les rangs des insoumis. Cinquante hussards désertent ainsi à Hennebont dans une seule nuit. Des désertions analogues, par groupes, sont signalées à Josselin, à Pontivy, à Vannes, Fait plus grave : Moriac et Naizin sont mis à rançon par une troupe de cent marins en congé de décade plus ou moins régulier qui, ne recevant plus de solde, se paient sur l'habitant.

Ce sont ces bandes d'irréguliers, renforcées des mendiants professionnels, petits merciers, chiffonniers, chaudronniers, vendeurs d'orviétan, chanteurs nomades et autre truandaille de grand chemin, qui vont former une nouvelle armée du crime destinée bien vite à faire oublier les excès des Chouans les plus féroces : on connaît quelques- uns de leurs repaires qui s'étaient multipliés à la faveur des troubles aux issues des villages et où elles se réunissaient à la brune, pour combiner leurs coups, devant une chopine de *gwin-ardent* (eau-de-feu), autour d'un pichet de cidre ou de *chufèré* (hydromel), Lenotre a fait du plus fameux de ces bouges, la Mirlitantouille, sur la route de Moncontour, la peinture la plus pittoresque. Déjà, pour déconsidérer les insurgés, certains généraux républicains, Rossignol, Moulin, Hoche lui-même, n'avaient pas rougi de lever ou de laisser lever des compagnies de faux Chouans, recrutés parmi les condamnés de droit commun qu'on habillait de grands chapeaux et de scapulaires et qu'on lâchait dans la campagne en leur recommandant de faire les cent coups sous l'étiquette de la religion et du roi. Ra rubrique la plus communément employée par ces malandrins consistait à approcher d'un brasier les pieds de ceux dont ils voulaient obtenir de l'argent : d'où le nom de chauffeurs qui leur fut donné. A Saint-Jean-Brévelay, le 18 décembre 1796, ils grillent une femme jusqu'à la ceinture ; un peu plus tard, c'est la comtesse de Lambilly à qui les coquins arrachent par les mêmes procédés 3.000 livres de bel argent sonnant et trébuchant. Mais ils coupaient aussi les oreilles, creusaient des fosses au bord desquelles ils faisaient agenouiller les patients, four n'être point reconnus, ils se barbouillaient le visage de suie. La bande de Pourmabon, en Bignan — capitaine Julien Hervo, condamné antérieurement pour vol à quatre ans de prison —, comptait de treize à quatorze affidés ; une autre bande, autour de Bazouges-du-Désert (Ille-et-Vilaine), en comptait quarante ; une autre, nettement policière, organisée dans le même département par le commissaire Boysel, avait été placée par lui sous le commandement d'un ancien capitaine de Boisguy, Joseph Boismartel, dit *Joli-Cœur*, dit *la Prâ* (l'oiseau de proie), sobriquet qui convenait beaucoup mieux aux instincts carnassiers de ce Judas. Autour de Caen, les exploits de la bande Cornu et Capelu défrayèrent longtemps les veillées : cette bande avait pris son nom de la fille Cornu, maîtresse de Capelu, qui donnait la question aux victimes en leur mettant sous l'aisselle une chandelle allumée ou en leur posant de l'amadou brûlant sur l'orteil. Vidocq dit que, pour lui faire le cœur solide, on avait forcé la fille Cornu à porter pendant deux lieues, dans son tablier, la tête d'une fermière des environs d'Argentan. Près de Fresnes, une complainte populaire de l'époque déroule en trente-six couplets la pitoyable histoire d'un cultivateur de la Brigaudière saigné sur la table de sa cuisine par un chef de chauffeurs maquillé en Chouan et qui obligea la femme du malheureux, sous la menace du même traitement, à recevoir son sang dans une poêle. On croirait entendre déjà *Fualdès*. Mais la palme du genre revient à la fameuse bande d'Orgères dont s'est alimentée toute une littérature, d'Auguste Ricard et d'Elie Berthet à Eugène Sue, et qui, après avoir ravagé par le feu et l'eau la Beauce et le Blaisois, particulièrement de 1795 à 1797, trouva sa fin à Chartres, sur l'échafaud, le 3 octobre 1800 : vingt et un de ses membres y montèrent le même jour, trois autres s'étaient suicidés en prison. Vérification faite de leurs antécédents, aucun, dit La Sicotière, n'avait appartenu à la Chouannerie, mais quelques-uns étaient d'anciens déserteurs : il suffisait pour que l'opinion mît ces horreurs sur le compte des insurgés.

Jusque dans les régions occupées encore par les Chouans ou plutôt les débris de leurs bandes et où ils maintenaient une certaine discipline, observaient un certain code du pillage et de l'assassinat, on constatait à leur égard une évolution de l'esprit public : les Legris-Duval, les Richard, les Saint- Régent pouvaient faire encore des recrues dans l'armée républicaine, beaucoup moins dans les couches profondes de la population paysanne. Sans le 18 fructidor, ce réservoir inépuisable de forces leur eût été définitivement fermé : la Chouannerie ne peut vivre que si l'opinion est avec elle, et l'opinion, qu'achève de conquérir la remise des impôts arriérés, se détache d'elle à mesure que tout se tasse, se réorganise : les municipalités cantonales, le travail agricole, les transactions — ne voit-on pas nombre d'anciens Chouans, autour de Fougères, prendre des fermes autant qu'il s'en trouve de vacantes ? —, surtout à mesure que la persécution religieuse se relâche et fait place à un régime de semi-tolérance, de complaisance résignée. *Sublata causa, tollitur effectus.* Pas plus que leurs prédécesseurs, le Directoire exécutif, les ministres, les deux Conseils des Anciens et des Cinq-Cents, composés pour les deux tiers de conventionnels, ne portent dans leur cœur la religion catholique, apostolique et romaine, mais ils tiennent à leur tranquillité et ferment les yeux : si Dieu n'est pas encore rappelé, il n'est plus proscrit. De nouveau gouvernement se contente de l'ignorer ; il laisse rouvrir les églises — 40.000 seront ainsi rendues au culte dans les cinq années de son administration—, il supporte même qu'à Saint-Brieuc on rétablisse les sonneries de l'Angélus et les bannies de défunts par crieurs publics munis de clochettes. De calendrier républicain tombe a i oubli : dimanche se réinstalle tout doucement au bout de la semaine avec son air de fête, ses costumes qu'on tire de l'armoire et son pot-au-feu familial. Ça et là un ancien insermenté, comme l'abbé Gorgelin, à Plessala, est encore égorgé et le plus également du monde, sous le couvert des stupides dispositions de la loi du 13 brumaire votée dans un dernier hoquet d'anticléricalisme par la Convention expirante. Mais cette loi, presque partout ailleurs, restait lettre morte : Pie VI, sans cesser de condamner la Constitution civile du clergé — mais puisqu'il n'y avait plus de Constitution civile ! — avait fait sa paix avec la République ; les fidèles, par le bref *Pastoralis sollicitudinis* du 5 juillet 1796, n'étaient plus tenus de bouder le régime. Et, réciproquement, les prisons du Directoire se vidaient, rendaient leur liberté aux prêtres infirmes ou âgés dont n'avait pas voulu la guillotine ; les autres membres du clergé réfractaire, les proscrits, les condamnés à mort de la veille, s'accommodant de la déclaration anodine portée dans la loi du 7 vendémiaire et qui n'était même pas toujours exigée, opéraient à leur suite une rentrée discrète. C'étaient les soumissionnistes. Les intransigeants ou bastiens — ainsi nommés de leur principal instigateur et dirigeant, l'ex-évêque de Vannes, Sébastien Amelot — formaient un troisième groupe, mais j sans force, sans autorité, sauf dans le Morbihan, qui, plus qu'à la parole du pape, était attentif à celle de ses prêtres et eût rompu avec Rome, si tel avait été l'avis de MM. de Boutouillic et de Keringant, grands vicaires généraux.

L'exception, comme on dit, confirmait la règle et ce n'est pas la première fois que nous avons à faire une distinction entre le Morbihan et les autres départements insurgés. Partout ailleurs, on avait l'impression d'un glissement doux, d'un retour insensible, sans heurt, par la voie légale, à l'ordre de choses rompu par la Constituante, et ceux qui ne croyaient pas au rétablissement de la monarchie absolue croyaient qu'au moins le pays s'acheminait vers une monarchie constitutionnelle. IV e premier tiers élu des Cinq-Cents reflétait assez bien ces nuances de l'opinion avec ses royalistes ultra comme Vaublanc, Job Aimé, Mersan, Le Merrer, et ses royalistes tempérés comme Barbé- Marbois, Pastoret, Portalis, qui penchaient vers un régime imité de l'anglais. Paris même, s'il s'y était trouvé quelque homme déterminé pour conduire l'entreprise, tenter le coup, comme on dira Plus tard — mais il semble, par les expériences du 2 décembre et du 4 septembre après celles de fructidor, de prairial et de brumaire que ce soit là un monopole des partis démocratique et césarien —, eut pu faire dès ce moment sa révolution à rebours et appeler Louis XVIII. Mais Pichegru, acquis au mouvement, hésitait ; mais l'Agence royaliste donnait tête baissée dans tous les pièges de la police, et ses affidés, les mirliflores, les muscadins, les compagnons de Jésus perdaient leur temps à des enfantillages, des bals de guillotinés, des charivaris, mille turlupinades de mauvais goût. Le public riait, comme à guignol ; il applaudissait même ; mais les victimes de ces farces souvent obscènes, les hommes criblés de nasardes, souffletés, bâtonnés, déculottés, les femmes, comme celle de l'ancien membre de la Gironde, le libraire Louvet, fessées sur le pas de leur boutique, y prenaient un avant-goût du sort qui les attendait, si la contre-Révolution l'emportait au prochain renouvellement annuel du second tiers, et ces régicides, ces septembriseurs, ces terroristes à demi- repentis, que Bonaparte saura si bien assouplir et s'attacher avec un sourire et quelques cordons, en devenaient un peu plus enragés contre la monarchie : Tout, disaient-ils, plutôt qu'une restauration ! Fructidor n'eut pas d'autre cause. Les élections, en majorité conservatrices, ayant rendu imminente, inévitable, la chute du Directoire, Barras n'attendit pas davantage et, fort de la seule atonie de ses adversaires pourtant prévenus de ses intentions, il fit donner Augereau et ses grenadiers : le spectre de la restauration royaliste, soufflé comme une chandelle fumeuse, rentra instantanément sous terre.

Les élections annulées dans cinquante-trois départements ; quarante-deux membres des Cinq- Cents, dont Pichegru, douze des Anciens, dont le président Barbé-Marbois, deux des directeurs, Carnot, qui tenait pour la légalité, Barthélemy, nouvellement élu et royaliste notoire, arrêtés, écroués ou dirigés dans le fourgon des galériens vers le port le plus proche où on les embarqua pour Cayenne avec les rédacteurs de la presse et les membres des comités royalistes, l'abbé Brottier en tête ; toutes les lois de tolérance religieuse abrogées ; tous les émigrés mis en demeure de quitter le territoire sous peine de mort dans un délai de trois jours ; telles furent les principales dispositions adoptées par Barras et sanctionnées parle coup d'État du 18 fructidor (4 septembre 1797). Conséquence : la France, pour deux ans, replongée intérieurement dans l'abjection.

Si Robespierre n'était plus, ni Billaud-Varennes, ni Collot-d'Herbois, il survivait en effet nombre de leurs émules ou de leurs séides, Sotin et Fouché entre autres, qui vont se succéder à la tête de la police. Types de purs jacobins, ceux-là, comme Merlin de Douai, le père de la loi des suspects, qui, au sein du Directoire, a remplacé Carnot. Les autres directeurs, François de Neufchâteau, nommé au siège de Barthélemy et assez honnête homme, ainsi que La Réveillère-Lépeaux, théophilanthrope sans malice, quoique bossu, même Barras, le roi des pourris, et Reubell, le roi des concussionnaires, inclineraient volontiers, par prudence, vers une modération relative, tout au moins vers un régime de simple terreur sèche : ils ne Peuvent faire que leur victoire, particulièrement dans l'Ouest, n'apparaisse comme la victoire des extrémistes. C'est tout le parti, toute sa queue plutôt, qui, de l'aveu du candide La Réveillère, rentre en scène et frétille d'aise à la pensée du second bain de sang qu'elle prépare à la France.

L'étonnant, c'est que la Chouannerie n'ait pas réagi tout de suite et sauté sur ses fusils.

CHAPITRE XV

LA TROISIÈME CHOUANNERIE

LE fait est qu'elle attendit près de deux ans avant de se réveiller, tant la douce habitude de la paix était déjà prise, tant on s'accommodait des demi-libertés religieuses arrachées à la lassitude ou à la crainte des gouvernants, tant ces pays d'Ouest, pour tout dire, ne nourrissaient aucun ressentiment contre la Révolution, mais seulement contre ses excès, — tant aussi, chez les princes, le scepticisme gagnait. Et sans doute les anciens états-majors s'agitent ; des rassemblements se tiennent ; on pille par-ci, par-là quelque diligence, quelque convoi portant à la ville voisine le produit des levées ou des taxes ; Puisaye surtout se démène, au point d'en oublier le respect qu'il doit à ses princes et de prendre à Londres, où il s'est transporté, l'initiative d'une adresse qui a tout le caractère d'une sommation (5 décembre 1797) : les descendants d'Henri IV y sont mis en demeure de donner le signal de la rentrée en campagne et de diriger en personne les opérations. Le comte d'Artois répond de haut que son frère et lui n'ont que faire d'une gloire inutile, que l'intérêt seul de la cause doit les émouvoir. Puisaye ulcéré, désavoué et par crainte de pire peut-être, démissionne et s'embarque pour le Canada où il a obtenu de Wydham une importante concession agricole. Quelques-uns de ses lieutenants l'accompagnent ; Cadoudal lui-même est sur le point de le rejoindre. C'est que la paix est signée entre la République et la Coalition, et l'Angleterre ne peut plus décemment soutenir les insurgés : à ceux qui voudraient s'expatrier, elle offre cent guinées par tête avant de partir de Londres et cent autres en arrivant à Québec, avec des bois à brûler et des terres à défricher à volonté (Rohu). Au défaut du Canada, elle leur propose les mêmes avantages à l'Ile de France. Valait-il la peine, dans ces conditions, de donner un successeur à Puisaye ? Si, après le bref intérim de Moustier, on finit par s'y décider, c'est uniquement pour la forme : le 23 Janvier 1798, Puisaye est remplacé à la tête des armées royales de Bretagne par son ancien major général Châlus qui n'a aucune des qualités de l'emploi, qui est brouillé, de surcroît, avec Cadoudal, puis, en juin de la même année, par le vieux Béhague, tracassé de goutte, qui désire s'éclairer d'abord sur l'état des esprits et dont la tournée d'inspection se fit en litière. Mauvaise condition pour une enquête de ce genre. Béhague revint convaincu que la Chouannerie était un mythe et les Chouans des êtres de raison. Il fallut deux voyages de Georges à Londres pour détromper les princes.

Mais, après tout, Béhague était-il si loin de la vérité ? Quelques mois plus tard, au lendemain de la prise de Saint-Brieuc, quand Mercier *La Vendée* écrira au duc de Bouillon : Le défaut d'armes et le peu d'activité qui a régné jusqu'ici dans les Côtes-du-Nord ne nous a pas permis de réunir plus de quatre cents hommes armés, que fera-t-il en somme que confirmer la façon de voir du vieux podagre ? Elle n'était discutable que pour les districts normands frappés par la conscription, seuls — on ne sait pourquoi — des départements chouannés, et pour les districts morbihannais, touchés au vif de leur foi religieuse et où les arrestations, incarcérations, déportations, exécutions de prêtres insermentés, tant soumissionnaires que bastiens, sans parler de la destruction des croix et de la reprise du calendrier décadaire, avaient si bien mis les cervelles en ébullition qu'il n'était plus possible de lantiponner : ou marcher ou démissionner, l'opinion paysanne ne laissait pas aux chefs d'autre alternative. Georges avait pu s'en rendre compte au cours d'une réunion tenue chez la mère des Chouans, au Roc, où Saint-Régent, convoqué avec divers chefs des confins, se présenta roulé dans des couvertures et porté sur une civière. Quoi ! blessé, peut-être à mort, estropié tout au moins, ce boute-en-train de Pierrot ! Mais le facétieux et terrible homme rejetait ses couvertures, sautait de sa civière :

— Eh ! non, je voyage à la Béhague.

On l'acclama, ce qui équivalait à conspuer Béhague et autres empêcheurs de chouanner en rond pour les défense, salut et plus grande gloire de notre sainte mère l'Église....

Les Bleus ne se gênaient guère pourtant avec les amis de Georges et de Frotté : Moran d'Auray, *Sans-Pouce*, Mandat, Rochecot, Tilly (d'Escarboville), l'apprendront bientôt à leurs dépens. Gare même aux émigrés qui, sur la foi d'une radiation provisoire non révoquée, sont restés au pays, comme le vieux et inoffensif Yves du Mogoer qu'une parente avait recueilli à Saint-Laurent : condamné à mort le 28 décembre, il était guillotiné le même jour à Saint-Brieuc. Un émigré de plus haute volée, réchappé de Quiberon et promu divisionnaire, Lamour-Lanjégu, pour sauver sa vie, mangera le morceau, livrera les noms et surnoms de ses collègues, l'état de leurs forces, le tableau de leurs lieux de rassemblement et de leurs lignes de correspondance. Il faudra promptement aviser, modifier toute l'onomastique et la géographie chouanniques de ce Morbihan en état d'insurrection latente et traité cependant par Michaud, le successeur de Quantin, comme si l'insurrection y était ouverte et déclarée. Georges, la coalition reformée, avait bien ramené d'Angleterre des caisses bondées de piastres, à la faveur de quoi les nouveaux embrigadés recevront une solde fixe de huit sous par jour, les sergents de dix, les capitaines de seize. Ce n'est pas le Pérou et la marge est faible de la solde de recrue à celle de capitaine, mais on est en pays démocratique, et seize sous d'alors valent dix francs d'aujourd'hui.

Ce qui bride tout, c'est Béhague, c'est, malgré l'entrée dans cette nouvelle coalition de la Russie, de la Turquie et des pays barbaresques, la répugnance persistante des princes, plus clairvoyants que leurs héroïques, mais aventureux partisans, à donner le signal de la reprise d'armes. Un Guillemot n'y peut mais, qui décroche son fusil pour abattre le chauffeur Simon, de la bande de Pourmabon — nouvelle preuve que ces coquins étaient étrangers à la Chouannerie — ou pour délivrer l'ancien recteur de la Trinité-Porhoët, le vénérable Ignace Macé, que les chasseurs du capitaine Georgetta emmènent au chef-lieu à la queue de leurs chevaux (11 mars 99) — et c'est sous sa responsabilité personnelle, sans l'aveu des princes, qu'il en agit si témérairement. Item, autour de Fougères et de Vitré, La Nougarède, La Valvenne, Châteauneuf, Piré, dit *Achille Lebrun* et qui, rallié à l'Empire, sera un Achille, en effet, à Waterloo et à Roquancourt, le dernier fait d'armes de la Grande Armée ; *item* Billard de Veaux qui, par dérision, portait la cocarde tricolore accrochée au derrière, Ruays, Saint-Aignan, La Haye, dans la forêt d'Andaine et les bois de Moulins-la-Marche (Orne) ; *item* Grand-Louis, le pseudo-comte de Satory, aux abords de Candé ; le Commandeur du Fougeroux dans la banlieue d'Angers ; Legris- Duval, qui a remplacé Le Veneur à la tête des Côtes-du-Nord, et Duviquet, l'ancien lieutenant de la 184 e demi-brigade passé aux Chouans, dans la partie Sud de l'ancien évêché de Saint-Brieuc ; Penanster et Keranflec'h, dans la partie Est de celui de Tréguier ; un cultivateur à réputation sinistre, Le Dilly, et un avocat presque aussi redouté, Debar, dit *le Prussien*, dans la Cornouaille des monts. Mais qu'ont à voir Dieu, la religion, même le trône souvent, avec tel de ces batteurs d'estrade ou de ces coupe-jarrets ?

Le plus hardi est le déserteur Duviquet. Malgré le peu de concours actifs qu'il rencontre désormais chez le paysan, dit l'abbé Pommeret, il poursuit infatigablement ses courses et ses brigandages à travers les cantonnements et s'avance quelquefois fort loin des landes et des forêts qui lui servent de refuge. Aux élections de l'an VI, par un temps de chien, sous la neige qui fouette les cols des Ménés, on le verra, avec Saint-Régent et Carfort, arrêter dans la lande de Plumieux les citoyens actifs qui se rendent à La Chèze. Mais son coup le plus fameux fut la tentative dirigée le 28 prairial (16 juin 98) sur la prison de Saint-Brieuc pour délivrer Legris-Duval : ses hommes et lui avaient revêtu des uniformes du 104e de ligne qui tenait garnison en ville et, traînant un prétendu émigré qu'ils venaient de capturer et qui n'était autre que le joyeux Carfort enfoui dans une vaste houppelande, ils se présentèrent à onze heures du soir au guichet du concierge pour le faire incarcérer. Le concierge avait du flair et refusa d'ouvrir. On n'osa, malgré la démangeaison, lui lâcher un coup de fusil, mais une colonne mobile qui perquisitionnait dans les bouchons de la Mirlitantouille et que la bande rencontra au retour paya pour l'obstiné : huit hommes furent tués, le capitaine Lhonoré blessé et emmené comme otage. Duviquet se faisait stupidement cueillir l'après-midi même dans un champ de blé où il s'était endormi de fatigue et était guillotiné le surlendemain. Par représailles, Carfort fusilla Lhonoré.

Petite affaire, au demeurant, mais dont le retentissement fut énorme : les administrateurs des Côtes-du-Nord, la prenant pour un tocsin de guerre civile, crient aux armes, exagèrent les mesures révolutionnaires à l'égard des suspects, annulent en bloc tous les passeports délivrés.... Le comte d'Artois ni Louis XVIII ne se sont pourtant laissé encore fléchir, et ces pillages, ces soûleries, ces grosses farces tragiques où se complaît l'imagination des Duviquet, des Carfort, des Saint-Régent, des Legris-Duval, des Debar, sont l'œuvre de l'inter-chouannerie, comme les spécialistes appellent cette période ambiguë qui n'est ni l'état de paix ni l'état de guerre et qui s'étend du 18 fructidor au 15 octobre 1799, date assignée, aux conférences de la Jonchère, pour la reprise officielle des hostilités. On s'occupe et on s'amuse comme on peut d'ici là. Nous verrons, dans la nuit du 9 février 1799 (21 pluviôse), Mouzin de Saint-Germain et dix officiers chouans de ses amis renouveler et réussir sur la prison de Coutances, pour délivrer Destouches, dit *Auguste* — le chevalier des Touches de Barbey d'Aurevilly, — le coup raté sur la prison de Saint-Brieuc par Duviquet :

— Ouvre vite, citoyen ! Nous t'amenons du gibier.

Cette fois le guichetier, doublé pourtant d'un geôlier et quoique Normand, s'y laissa prendre. Un des officiers chouans, le chevalier de Coulonges, fut tué dans la bagarre ; les autres, emportant Destouches et son codétenu Blouin-Duval, dit *Crocro* ou *Monsieur le Nantais*, se coulent par les rues obscures, rayées de coups de feu, jusqu'à la forge d'un maréchal ferrant de village qui coupe les fers des prisonniers. On assure même, rapporte La Sicotière, que les assaillants eurent la témérité de revenir sur leurs pas jusqu'auprès de la prison et toujours aux cris de *Vive le Roi ! Vive Auguste !* Il se peut bien, et c'est que, pour certaines âmes véhémentes de ce temps, chouanner était devenu une seconde nature, qu'elles y goûtaient, outre la satisfaction de servir une cause grande et noble, toutes sortes de sensations fortes que la rentrée dans le cadre de la vie normale leur eût vraisemblablement refusées. Un diable-à-quatre, comme Carfort notamment, plus représentatif peut-être encore qu'un *Pierrot*, un Legris-Duval ou un Billard de Veaux, des tempéraments de cette sorte, y épanouit tous ses instincts de violence, de godaille et d'aventure. Rude compère et jovial compère. Il n'a pas de plus grand plaisir que de fusiller un administrateur ou un assermenté, si ce n'est de le mystifier et de humer le piot ensuite à sa santé. Ses ruses sont innombrables. La dernière ne fut pas la moins réussie. Dénoncé au département, serré de près, grièvement blessé, on croyait bien le tenir : comment soupçonner qu'il logeait au creux de cette futaille que des paysans transportaient à Lamballe sur une charrette ? La futaille déposée chez un chirurgien de la localité, Carfort y guérit. Après quoi, un matin, il alla éveiller son dénonciateur, le colla au mur et l'abattit.

Ces exécutions sommaires n'avaient qu'un inconvénient : elles fournissaient aux Républicains des prétextes pour tracasser les paysans, ce qui incita finalement Debar à les interdire. Il ne fallait pas indisposer les campagnes à la veille même du jour où on allait leur demander un nouvel effort. Aussi bien l'appauvrissement des cadres, une meilleure organisation de la surveillance — postes de guet établis, la nuit, dans les clochers —, surtout le développement de l'espionnage, très florissant depuis que le salaire des Judas avait été porté à trois francs par jour, rendaient-ils de jour en jour plus malaisées les expéditions à mort, comme on les appelait en Haute-Bretagne : elles cessèrent tout à fait vers la fin de 1798 dans les Côtes-du-Nord où l'on ne signale plus que des pillages de malles-postes. D'Oilliamson et Frotté s'employaient de leur côté à les faire cesser en Normandie où Billard continuait ses coups de main sans plus se soucier de la recommandation : il ne s'arrêta que blessé et rendu impotent. Dans tout l'Ouest le mot d'ordre nouveau — et plus ou moins respecté — pour les chefs rentrés en action est de reposer les armes, de se borner à faire des recrues, en les choisissant aussi braves que possible et en les entraînant par des exercices sans effusion de sang, afin de les avoir bien en main au jour prochain de la rentrée en campagne.

Ce jour tant attendu finit par luire, mais seulement après que la loi des otages, digne pendant de la loi des suspects, fut venue, le 12 juillet 1799, menacer l'existence de ce qui restait de royalistes, de parents ou d'amis de royalistes. Alfred Ram- baud, favorable au Directoire, concède lui-même qu'elle alarma cent cinquante mille familles, et Napoléon, qui la qualifie de loi atroce, ne tarit pas, dans ses *Mémoires*, sur l'indignation qu'elle souleva.

Peut-être en faut-il rabattre, d'indignation, quoi qu'il en soit, fut toute verbale et la remise en vigueur de l'intolérable pratique des visites domiciliaires ne détermina pas, sauf chez les intéressés, de mouvement de protestation plus accentué. Une sorte de paralysie de la volonté, à moins que ce ne fût l'imbécillité congénitale aux démocraties, avait frappé le corps électoral : il avait voté blanc avant fructidor ; il vota rouge après, et cette couleur n'étant point encore au goût de ses maîtres, qui avaient fait contre les nouvelles élections le coup d'État de floréal, il vota gris pour les obliger et n'en fut pas davantage le bon marchand, comme il apparut du coup d'État de prairial. On ne voit point que dans tout cela l'opinion se soit montrée autre que servile, ignorante ou stupide.

Voit-on qu'elle ait plus fortement réagi à l'occasion de la nouvelle loi militaire votée sur la proposition de Jourdan ? La conscription était établie pour tout le territoire : dure loi, mais nécessaire, nos armées fondant, et grâce à laquelle Masséna, renforcé à temps, sauva la France de ce Souvaroff, coqueluche des mirliflores qui escomptaient déjà son entrée à Paris et portaient en attendant des bottes et des chapeaux à son nom ; loi néfaste seulement, ajoute-t-on, dans son application aux départements de l'Ouest qui se fiaient à la parole de Hoche ratifiée par le Directoire. Les délits des grandes routes recommencèrent, écrira encore Napoléon : c'est le premier acte d'une population qui se révolte que d'intercepter les communications : le cri de *Mort aux Bleus !* s'éleva de toutes parts. Il y avait loin de ne plus se battre contre la République à se battre pour elle. De Directoire ne le comprit pas.

Mais si fait ! le Directoire le comprit — partiellement au moins — et se hâta d'introduire dans la loi les correctifs nécessaires : le privilège d'exemption du service militaire fut maintenu aux anciens départements insurgés, sauf au Calvados, à la Manche et à l'Orne. Sans doute c'était déjà trop et l'erreur du Directoire en ce qui concerne ces trois départements devait avoir les conséquences les plus fâcheuses, étant donné le caractère particulier de la Chouannerie normande. Il s'en faut bien, lit-on dans une note de Frotté de 1799 au duc d'Harcourt, que les prêtres et la religion y soient d'aussi grand prix que dans la Vendée et le Morbihan. On peut en croire Frotté : la Chouannerie normande, sinon chez ses chefs, au moins chez ses hommes, a ses racines dans l'intérêt et le droit ; elle n'est pas indifférente à la restauration des autels et surtout du trône ; son réalisme la rend particulièrement sensible au bienfait monarchique, mais elle est d'abord un mouvement de résistance au service armé et à l'arbitraire des réquisitions. Quel contraste avec sa sœur des landes morbihannaises ! Celle-ci toute mystique, repliée, sauvage, puritaine jusqu'à défendre le mariage à ses jeunes recrues qui devront attendre dans un célibat presque monastique la fin des hostilités, jusqu'à ne point supporter de partager le même campement nocturne avec des femmes délivrées par Mercier *La Vendée* ; l'autre, non moins expéditive et aussi féroce à ses heures, mais gaie le plus souvent, franche, ouverte, une Chouannerie de bons vivants — le mot encore est de Frotté —, avec ce même goût picaresque de la route et de ses hasards que nous avons relevé dans la Chouannerie gallote des Côtes-du-Nord et de l'Ille-et-Vilaine. C'est par ce côté aventureux qu'elle plaît tant aux femmes et de toutes conditions. Dans aucune des Chouanneries il n'y eut tant d'héroïnes que dans la normande depuis Mme de Frotté, la belle-mère du général, Mme de Chivré, la plus chouanne des femmes, Mme Esnault, adroite, intrigante, spécialement chargée des négociations avec les autorités, Anne De Moussu, marchande à Vézins, jusqu'à la Pipette, de Granville, qui n'était peut-être qu'une fille galante, la fille Pierre, de Caen, qui était manchote, et cette légendaire Marie Doisel non identifiée, en qui l'on vit tour à tour une grande dame, une bourgeoise de qualité, une servante et qui incarne bien dans son anonymat ces trois catégories sociales du dévouement féminin en Normandie. On ne compte pas pour rien chez les Chouans la gloire de paraître devant une maîtresse armé d'un fusil, vêtu d'un uniforme, écrivait en l'an VIII un correspondant du sous-préfet d'Argentan. Et un autre témoin montre ces mêmes Chouans du Bocage, le dimanche, à la danse, faisant conquête sur conquête parmi les jeunes paysannes au cotillon de droguet à raies multicolores, au léger fichu d'indienne à fond blanc semé de pois ou de fleurettes, au bonnet de fine batiste recourbé comme le cimier d'un casque. Faire la guerre chez soi, à l'ombre de son clocher, sous l'œil des belles, la guerre d'amitié, comme ils disent, ou partir aux frontières, quelle recrue hésiterait entre les deux propositions et puisqu'il faut opter nécessairement ? Là peut-être, dans cette Normandie si rebelle à la conscription, le cri de : Mort aux Bleus ! fut spontané, général. Ailleurs, sauf dans les landes morbihannaises, c'est tout au plus si des oreilles attentives auraient pu surprendre au lointain, sous les cépées angevines ou mancelles, dans les gorges des menés, les grondements du cornet à bouquin, clairon de la Chouannerie appelant au rassemblement, — mais, cette fois, combien faibles et espacés !

Et pourtant ce n'était plus paroles en l'air : du solennel et mélancolique Edimbourg, où l'avaient forcé de se réfugier les Shylocks anglais ses créanciers, Charles-Philippe (le comte d'Artois) avait donné le signal si longtemps différé. Lui-même avait nommé les généraux convoqués à Holy-Rood : Georges pour la Basse-Bretagne ; La Prévalaye pour la Haute ; Godet de Châtillon pour l'Anjou — à la place de Scépeaux — ; Frotté pour la Normandie ; Bourmont pour le Maine, le Perche et le pays chartrain ; d'Autichamp pour la Vendée ; Mallet, pour la rive droite de la Seine. La désignation de ce dernier personnage pour un commandement plus honorifique que réel et le choix de La Prévalaye, officier sans allant, mais non pas sans esprit, étaient seuls discutables, comme l'éviction de Boisguy, — mais peut-être ne savait-on pas à Holy-Rood que le bouillant jeune homme s'était échappé de Saumur. Châtillon venait de débarquer dans le Morbihan ; d'Andigné l'y avait rejoint au quartier général de Georges — une maisonnette isolée, entourée de bois considérables. Le pauvre Scépeaux s'y rendit aussi pour réclamer contre l'oubli dans lequel on le laissait. De ces premiers entretiens sortit l'idée des conférences de la Jonchère, près de Pouancé (Maine-et-Loire), où, sans provoquer le moindre ébranlement des colonnes républicaines, sans éveiller même ou paraître éveiller l'attention de la police, deux cents généraux, divisionnaires et officiers subalternes royalistes, gardés par douze cents Chouans en armes de Segré et de Vitré, purent se réunir du 15 au 18 septembre et examiner à loisir la situation. Quand on passa au vote, il n'y eut pas un dissident et, à l'unanimité, la guerre fut décidée.

Puissance de l'illusion ! Les masses paysannes, non moins méfiantes que les princes, n'avaient répondu que faiblement à l'appel des chefs vendéens, angevins, manceaux et haut-bretons ; seuls Cadoudal et Frotté disposaient d'effectifs suffisants, entraînés, solides — à condition encore qu'on ne les changeât ni de milieu ni de tactique —. Mais justement c'est ce que prétendait faire le conseil de la Jonchère : de la guerre aux villages, il voulait se hausser à la guerre aux villes, emporter au pas de charge Vannes, Saint-Brieuc, Le Mans, Nantes, Alençon.... Cette dernière guerre chouanne, a-t-on fait remarquer, pourrait s'appeler la course aux chefs-lieux. Il eût fallu peut-être, pour la conduire à bien, quelque préparation, quelque entente aussi entre les chefs, trop enclins par nature à la marche en ordre dispersé, bref l'unité de direction. Mais Quiberon était déjà oublié. Le comte d'Artois songea bien un moment à investir du commandement suprême le duc de Montmorency. Grand nom, expérience nulle. Finalement on conserva Béhague, en le diminuant, en donnant une partie de ses pouvoirs au comte Le Loreux, commissaire du roi, avec voix prépondérante dans le conseil. Mais en vérité de tels choix et le recours à ce robin pour régler les explosions du volcan populaire feraient douter de l'intelligence du comte d'Artois, si l'on ne savait qu'ils étaient tout provisoires dans la pensée du prince bien décidé à débarquer dans un port de la Manche, dès qu'on lui en aurait ouvert un, et à prendre la tête du mouvement. Il l'a dit à Bourmont et à Georges, et il n'y a aucune raison de suspecter sa parole, mais il en est beaucoup de suspecter les dispositions de son entourage plus soucieux de la personne du prince que de sa gloire et qui faisait tout pour le retenir à Holy-Rood.

Le conseil de la Jonchère avait dressé une espèce de plan général de l'insurrection.

Georges, dit d'Andigné, devait attaquer, à la fois, Vannes et Saint-Brieuc ; Bourmont, le Mans ; les Vendéens et nous [Châtillon, Mauvillain et d'Andigné] Nantes. Le jour [de l'attaque] n'était pas décidé d'une manière bien précise, de sorte que cette entreprise n'eut pas tout le succès que nous aurions pu en attendre.... C'est peu dire, et elle n'eut que des suites fâcheuses. Bourmont put bien s'emparer du Mans dans la nuit du 14 au 15 octobre : il ne sut pas s'y maintenir et, après avoir couru la ville, pillé les bureaux, il se faisait battre en détail le lendemain à Sillé-le-Guillaume, à Foué et à Ballée. — Et Châtillon, de son côté, dans la nuit du 20 au 21, à la faveur du brouillard, pouvait bien s'emparer de Nantes à peu près dégarnie de ses troupes : il était si peu maître des siennes et de leur direction qu'à part trois détachements qui occupaient les portes de la ville il ne savait où étaient les autres. La brume, de plus en plus opaque, ajoutait à la confusion. Pour se reconnaître, dit d'Andigné, on se demandait si l'on était *Bleu* ou *Chouan*. Sans un subalterne, Dupré, dit *Tête-Carrée*, qui avait fait de la dure au Bouffay et qui connaissait les aîtres, on n'eût même pas délivré les royalistes détenus dans cette prison historique. Mais, faute de renseignements et de véhicules, on n'emporta ni armes, ni canons, ni munitions ; on négligea jusqu'à l'argent des caisses publiques. Nantes aurait pu être un arsenal et une place d'armes formidables pour la Chouannerie et la Vendée renaissantes : évacuée au petit jour, elle ne fut, comme Le Mans, que le rêve d'une nuit. — Et Mercier *La Vendée* enfin, cinq jours plus tard, avec Saint-Régent, Kerenflec'h, Carfort, Courson, Roland, dit *Justice*, et quelques autres seigneurs de moindre importance, pouvait bien s'emparer de Saint-Brieuc qui n'était pas plus sur ses gardes que Nantes et Le Mans. Casabianca, arrivé de la veille et qui commandait la ville, dormait à poings fermés. C'était pourtant un beau tumulte. Le commissaire du Directoire, l'ex-constituant Poulain de Corbion, avait l'oreille plus fine ou le patriotisme plus exigeant : entendant des coups de fusil, il voulut aller aux renseignements et tomba sur un parti de Chouans qui, n'ayant pu l'obliger à crier : Vive le roi !, le fusillèrent sur place. On expédia encore cinq ou six méchants bougres de patriotes, victimes, comme Poulain, de leur curiosité ; on délivra surtout des prisonniers, dont Mme Le Frotter de Kerilis, mère d'un des assaillants et l'une des figures les plus énergiques de la Chouannerie féminine bretonne, condamnée à mort le 27 juillet ; on lacéra les livres d'écrou ; on emmena même un canon de quatre et soixante chevaux de la garnison qui servirent de monture aux femmes et aux éclopés — et qui furent repris d'ailleurs par les colonnes républicaines le lendemain, dans la forêt de Forges, au château de l'Hermitage, où s'étaient échoués ces vainqueurs d'une nuit changés en fuyards au petit jour....

Ces prises de villes si tôt suivies de leur évacuation ne tiraient pas à conséquence : de loin elles pouvaient impressionner ; de près, dans la nuit, avec les chemises des assaillants passées sur leurs pantalons, les trognes peintes et les déguisements féminins des éclaireurs, elles ressemblaient fort à ces chienlits d'ivrognes qu'on appelle en Bretagne des *malargés* ; les bourgeois dont on troublait le sommeil en étaient quittes pour se renfoncer, comme Casabianca, sous leurs couvertures ; il n'y avait de danger que pour ceux qui se montraient aux fenêtres ou dans les rues. On était loin de l'espèce de fureur sacrée des débuts. La Chouannerie tournait au chouannage.

Le pis est que Cadoudal, pivot de l'insurrection dans la Basse-Bretagne, n'avait pu s'emparer de Vannes, l'objectif principal qu'il s'était réservé, détachant sur Saint-Brieuc son lieutenant *La Vendée*. Gros mécompte assurément et triste rentrée en campagne. On dit bien que c'était là une feinte pour détourner l'attention de l'ennemi. Et d'autres expliquent son échec de la nuit du 25 au 26 octobre par le manque d'artillerie ; mais Bourmont, Châtillon, Mercier La Vendée n'avaient pas plus que lui de canons. Seulement Vannes était éveillée et la garnison à son poste. Les canons qui lui manquaient, Georges alla le 30 suivant les chercher à Sarzeau où deux pièces tombèrent entre ses mains avec la petite capitale du pays de Rhuis : il eut donc pu commencer par prendre Sarzeau, ce qui lui eût permis de s'attaquer à Vannes avec quelque succès.

Guillemot, lui, la veille, avait pris Locminé, défendu par un détachement de la 58e demi-brigade ; Sol de Grisolles, Redon, défendu par un détachement de la 85e : les Chouans étaient au moins le triple ou le quadruple. La lutte fut chaude cependant autour et à l'intérieur des deux villes. Mais Locminé ne resta au roi de Bignan, Redon, puis La Roche-Bernard et Guéméné à Sol de Grisolles que pour en être presque aussitôt évacués. C'était décidément un mot d'ordre. Là-haut, dans l'Anjou chouan, le Maine, la Normandie, Turpin ne faisait pas plus de cas de Baugé, La Nougarède de Segré, Frotté de Couterne, qu'ils avaient enlevés. Mais peut-être ce dernier eût-il gardé Vire, s'il l'avait pu prendre. Avec le levier le plus puissant en hommes et en ressources dont ait disposé une insurrection, la Chouannerie n'a jamais su s'assurer un point d'appui consistant. Les Virois, comme les Vannetais, étaient sur leurs gardes, la ville couverte au loin par des redoutes et des palissades : Frotté s'y brisa. Au cours de la retraite, qui n'eut rien de triomphal, il perdit son chef d'état-major, le chevaleresque d'Oilliamson. Un échec plus mortifiant l'attendait à la Fosse et que réparèrent insuffisamment des succès partiels de ses lieutenants, d'Hingant de Saint-Maur, entre autres, à Pacy-sur-Eure qu'il emporta le 24 novembre avec deux cents Chouans : dans l'attente de jours meilleurs, Frotté licencia ce qui lui restait de troupes. Désordonnée, cacophonique, partant trop tôt ou trop tard, l'insurrection, en sorte, s'ouvrait par un énorme couac.

CHAPITRE XVI

L'HOMME DE BRUMAIRE

CERTAINS des exécutants. Frotté le premier et Cadoudal — ils allaient le montrer —, n'eussent pourtant pas encore désespéré. Mais déjà Hédouville était à l'œuvre : il était noble, comme Canclaux et tant d'autres généraux de la Révolution, mais sans aigreur contre ses frères les ci- devant et d'âme généreuse ; il avait pris ses degrés de négociateur sous Hoche qui se l'était adjoint pour le travail préparatoire à la première pacification et ç'avait été une heureuse idée de Sieyès, un des nouveaux directeurs, de l'envoyer dans l'Ouest remplacer l'insuffisant Michaud.

Les mêmes concours qui s'étaient offerts à Hoche s'offrirent à lui. La vicomtesse Turpin de Crissé, que la Providence semble avoir créée tout exprès pour le rôle de trait d'union, s'employa avec un zèle particulièrement louable à rapprocher les deux camps. Et il convient d'ajouter que d'Autichamp — qui n'avait pas été plus heureux en Vendée que Châtillon en Bretagne — et Châtillon lui-même, revenu de ses illusions sur le débarquement prochain du comte d'Artois, apportaient les dispositions les plus conciliantes : ils entraînèrent les autres conjurés et, le 25 novembre, au château d'Angrie, chez la vicomtesse, un armistice était signé dont les conditions devaient se débattre le mois suivant à Pouancé. Frotté, invité à ces conférences, se fit assez longtemps tirer l'oreille : il y parut seulement le 9 décembre ; moins chaud encore, Georges, qui, dans la nuit du 28 au 29 novembre, avait procédé, à la barbe de Hardy, au débarquement et à la mise en lieu sûr de la plus formidable cargaison d'armes, de munitions, de numéraire, que l'Angleterre eût envoyée à la Bretagne depuis Quiberon — quatre canons de six et de huit, deux obusiers, vingt-cinq mille fusils, six caisses de piastres et quantité de poudre, la charge de cent charrettes — fit attendre son adhésion jusqu'au 13 décembre et, d'ici là, poursuivit, avec Guillemot, ses opérations clandestines de débarquement. Un armistice d'ailleurs n'est pas la paix et peut même n'être qu'un répit voulu, le calcul astucieux d'un lutteur essoufflé. Quel eût été le destin de celui-ci dont les signataires, travaillés par le verbe enflammé de Georges et presque tous récidivistes du manque de parole, offraient si peu de garantie ? La meilleure carte d'Hédouville, avec le découragement de certains chefs, la rivalité des autres, c'était encore l'abbé Bernier acquis brusquement à la paix.

Cette volte-face de l'ancien boutefeu de la Vendée n'était pas l'œuvre du général, mais celle d'un petit homme au frac olive, aux cheveux plats, au teint bilieux, qui venait de paraître sur la scène du monde et dont la volonté implacable allait tout faire plier devant lui : le coup d'État du 18 brumaire (9 novembre) avait porté au pouvoir Bonaparte dans le temps même où Hédouville entamait ses négociations avec les insurgés ; le Premier Consul leur avait donné son approbation, puis trouvant — avec raison — que les pourparlers traînaient, éclairé en outre par sa conversation avec d'Andigné, que lui avait présenté Talleyrand, sur les pensées secrètes des chefs et l'espoir qu'ils caressaient de le voir faire le personnage d'un nouveau Monck, il avait lancé le 7 nivôse (28 décembre) sa proclamation foudroyante aux habitants des pays insurgés :

Une guerre impie menace d'embrasser une seconde fois les départements de l'Ouest.... Les artisans de ces troubles sont des partisans insensés de deux hommes [Louis XVIII et le comte d'Artois] qui n'ont su honorer ni leur rang par des vertus ni leur malheur par des exploits....

Les ponts étaient coupés avec les rebelles qu'acheva de renseigner sur les dispositions de leur adversaire sa proclamation aux soldats, du 4 janvier suivant :

... La masse des bons habitants a posé les armes. Il ne reste plus que des brigands, des émigrés, des stipendiés de l'Angleterre, des hommes sans aveu, sans cœur et sans honneur.... Marchez contre eux.... Que j'apprenne bientôt que les chefs des rebelles ont vécu.... Faites une campagne courte et bonne.... Soyez inexorables....

Mais en même temps, dans sa proclamation aux habitants, le gouvernement reconnaissait que des lois injustes avaient été promulguées, dont certaines, comme la loi désastreuse de l'emprunt forcé et la loi plus désastreuse des otages, étaient déjà révoquées, et dont les autres, attentatoires à la sécurité des citoyens et à la liberté de conscience, allaient l'être sans tarder.

Ainsi, rétablissant le contact avec l'opinion publique, déjà si favorablement disposée pour lui, Bonaparte isolait, séparait du reste de la nation les chefs vendéens et chouans réunis à Pouancé. Bourmont, d'Andigné, Mac Curtin, les politiques du groupe, ceux qui manœuvraient pour gagner du temps, en furent atterrés. C'est l'expression même de ce Mac Curtin, dit *Kainlis*, ancien député aux Cinq-Cents, fructidorisé et devenu l'équivoque major général de l'insurrection, une autre variété de Cormartin. Dix jours — sans plus — étaient accordés aux négociateurs pour se décider. Une nouvelle conférence s'ouvrit à Candé le 20 nivôse (10 janvier). Frotté s'était retiré, mais sans rompre, laissant ses pouvoirs à deux lieutenants, son oncle Famberville et d'Hugon ; Georges, sans autre ménagement, dès le 28, avait regagné ses fourrés morbihannais, emmenant Mercier *La Vendée*. Bon débarras pour Hédouville et Bernier qui, ces trouble-fêtes partis, pensaient aboutir aisément : ils comptaient sans leurs hôtes, bien que, dans son désir de conciliation à tout prix, Hédouville eût accepté de prolonger la trêve jusqu'au 22 janvier. Et cette fois Bonaparte se fâcha rouge : imputant à faiblesse la longanimité d'Hédouville, il le remplaça (14 janvier) par Brune, appelé de Hollande avec soixante mille hommes de troupes fraîches et armé de pouvoirs dictatoriaux. Les départements de l'Ouest connurent à nouveau toutes les rigueurs de l'état de siège, la mise terrible hors la Constitution. Que pouvaient Bourmont, La Prévalage, Boisguy, Frotté, Cadoudal et les quelques centaines d'hommes qui leur étaient demeurés fidèles contre cette machine inexorable d'éviction et d'écrasement ? Bernier avait bien servi son nouveau maître, au lendemain de Candé, en divisant la résistance, en convoquant à une conférence spéciale les chefs vendéens, d'Autichamp, Suzannet, Pallu-Duparc, Renou, etc., gagnés, bernés ou plus ou moins résignés, et, après les avoir bien laissés jeter leur gourme, s'injurier, se colleter et s'assommer à coups de bûches, en les amenant à une soumission pure et simple, presque sans conditions. Ce fut la paix de Montfaucon-sur-Moine, conclue avec les chefs de la rive gauche le 18 janvier. Châtillon, sur la rive droite, tout de suite y adhéra, puis ses officiers, d'Andigné, Montardas, Pallierne, Quatre-Barbes, Kainlis lui-même, la casaque instantanément retournée.

Paix partielle, mais qui préparait la paix totale, la rendait inévitable : il n'y avait plus de Vendée, à peine d'Anjou. Un soupçon de Maine et de Haute- Bretagne, quelques districts normands et un département bas-breton, le Morbihan, c'était tout le territoire insurgé. Brune pouvait le noyer si aisément sous ses colonnes mobiles, régulières et pressées comme les vagues de la mer !

Bourmont, le premier des grands chefs, en prend conscience et, après Meslay où Chabot lui a tué deux de ses meilleurs officiers, La Volvène et Tiercé, et qui n'a été qu'un malentendu, remet à Brune une épée que Bonaparte — imprévoyant — lui rendra sous peu avec un grade dans son armée ; c'est ensuite le tour de La Prévalaye, homme du bel air, qui s'excuse sur l'ignorance de son défaut d'empressement ; puis de Chappedelaine, guetté par Fouché et qui, quelques jours auparavant (24 janvier), s'était distingué à Foulletourte ; de Boisguy qui répond à Brune lui faisant les mêmes offres qu'acceptera Bourmont : *Un homme d'honneur ne change pas sa cocarde* ; de Pontbriand, son beau-frère et son émule en désintéressement ; de Georges enfin qui, magnifiquement ravitaillé par l'Angleterre, disposant d'une artillerie et d'une cavalerie presque égales à celles de son adversaire Harty, monté lui-même sur un superbe cheval dont les voltes savantes faisaient valoir sa science de cavalier, sa prestance sous lâ redingote bleue à boutons d'or et son énorme tête d'Hercule breton, n'eût consenti pour rien au monde à se rendre sans avoir tenté la fortune des armes. Cadoudal ne veut pas dire en celtique *le guerrier aveugle*, comme l'ont écrit tous les historiens après Guillaume Le Jean, mais *le guerrier qui revient à la charge*, qui donne du front jusqu'à épuisement. *Habent sua jata nomma*.

La partie s'engagea sous un ciel gris de fin de janvier, dans les landes de Grandchamp, vaste plateau désertique, sorte de bled armoricain dont les douars s'étaient enfuis à l'approche de l'orage avec leurs meubles et leurs troupeaux, — et, quoique Georges, dit-on, dans ses veilles laborieuses de l'inaccessible Locoal, à l'entrée de la rivière d'Etel, eût pioché les classiques de la guerre, elle ne tourna pas à son avantage : les experts veulent qu'il ait par deux fois, des hauteurs de Bargo où il était posté, laissé passer l'occasion d'écraser les Bleus ; ils accusent l'indiscipline de ses lieutenants Guillemot, Sol de Grisolles, Saint-Hilaire, l'un attaquant avant le signal, l'autre s'égayant vers Muzillac, le troisième s'attardant au siège d'une vieille muraille sans intérêt, et ne rendent hommage qu'à Gomez qui, débouchant à l'improviste sur la droite de Harty, y jeta la panique. Bataille décousue, mal engagée et encore plus mal dirigée, où Georges, ignorant de la manœuvre, apparaît comme un héros de l'*Iliade* ou de la *Chanson de Roland* aux prises avec les problèmes de la tactique et de la stratégie modernes et complètement débordé par eux. Est-il vrai que, dans l'intervalle de deux charges meurtrières, il ait proposé au général républicain un combat singulier de quatre-vingts de ses meilleurs grenadiers contre quatre-vingts de ses meilleurs Bretons ? Ce duel épique, renouvelé du combat des Trente, les deux armées rangées en cercle autour des combattants en auraient suivi avidement les péripéties désespérées. La légende veut que les Républicains aient été taillés en pièces et, comme le reste du récit, ce n'est probablement qu'une légende. Rien n'est plus conforme cependant à l'attitude ordinaire de Georges qu'une pareille proposition, qu'il renouvellera dans un an ou deux à l'entourage du Premier Consul. Nous sommes ici en présence d'un de ces phénomènes de reviviscence ou de survivance historique comme la Bretagne, ce conservatoire du passé, en offre des exemples assez fréquents. L'inadaptation de tels hommes à leur temps voue leurs entreprises à un échec presque certain : au lendemain de Grandchamp, tombeau de ses ambitions de partisan, Georges se mettait en rapport avec Brune ; le 2 février, selon Muret, le 9, selon Beauchamp, il avait une première entrevue avec le général en chef et Debelle. Brune prodiguait les amabilités, mais Debelle réclama la parole :

— Je suis chargé par le Premier Consul d'offrir à Georges le grade de lieutenant général et le commandement d'une division dans l'armée de Moreau ; en cas de refus, de lui envoyer sa tête.

— C'est que, dit bonnement Georges, je n'ai nulle envie de la céder.

Sur l'offre elle-même d'un commandement, il demanda trois jours pour réfléchir. Ce n'est pourtant que le 14, semble-t-il, au château de Beauregard, en Saint-Avé, près de Vannes, qu'il fit sa soumission officielle et accepta d'aller voir Bonaparte. Le 25, il partait pour Paris avec deux de ses lieutenants, Le Redant et Biget, et son payeur, l'abbé Le Leuch ; le 6 mars, Bonaparte, qui l'avait reçu aux Tuileries, disait négligemment :

— J'ai vu ce matin Georges ; il m'a paru un gros Breton dont peut-être il sera possible de tirer parti. Mais, pour des raisons mal explicables, la même mansuétude ne le conduisit point dans ses rapports avec Frotté. Lui en voulait-il, comme on l'a dit, depuis Brienne où ils auraient été rivaux ? Il semble qu'on ait confondu Frotté avec Phélippeaux, le futur défenseur de Saint-Jean d'Acre, et aussi bien Frotté avait trois ans de plus que Bonaparte. Tout le mal vint probablement de l'obstination du général normand qui ne désarmait pas, quand les autres généraux vendéens et chouans, même Georges, avaient fait leur soumission : la sinistre affaire du Sap, avec ses brûleries et ses fusillades de citoyens inoffensifs dans le cimetière, la marche sur Alençon, les prises de Vimoutiers et de Gacé, enfin la victoire chèrement disputée, mais incontestable, remportée par Frotté à Cossé (25 janvier) contre les trois mille hommes du général Avril, achevèrent d'exaspérer Bonaparte. Il ne s'agit plus de le vaincre, dit La Sicotière ; ce n'est plus seulement aux armes loyales qu'on devra recourir, mais l'incendie, la trahison, l'assassinat sont recommandés et primés par le Premier Consul contre Frotté et ses lieutenants, Commarque, Monceaux, Ruais, d'Hugon, d'Hauteville, etc. : Mettez des colonnes à la poursuite de tous ces brigands. Vous pouvez promettre mille louis à ceux qui tueront ou prendront Frotté et cent pour chacun des individus ci-dessus nommés. Le maître qui envoyait de pareils ordres ne pouvait être arrêté par de grands scrupules le jour où son ennemi se remettrait entre ses mains.

Ce fut le 8 février. Par une lettre de ce jour à Hédouville, demeuré sous les ordres de Brune, Frotté lui annonçait sa soumission, motivée par des considérations d'humanité un peu tardives sans doute, mais sincères : Guidal, puis Chambarlhac, commandant la subdivision de l'Orne, furent autorisés à la recevoir. Munis de sauf-conduits en règle, Frotté et son petit état-major partirent à cet effet pour Alençon où ils arrivèrent dans la nuit du 26 au 27 pluviôse (15-16 février). Le lendemain et les jours suivants, sans explication, ils étaient arrêtés, conduits à Verneuil, traduits devant la commission militaire siégeant dans cette ville, jugés et condamnés à mort. Pendant que le tribunal se retirait pour délibérer et quand leur exécution ne faisait plus aucun doute, Frotté et ses six compagnons, épuisés de fatigue, demandèrent du vin. On leur en apporta une bouteille. Frotté emplit les verres, leva le sien :

— Messieurs, au Roi !

— Au Roi ! répondirent les six officiers.

Et tous les sept, après cette libation suprême, brisèrent leurs verres, pour qu'aucun autre toast ne les profanât jamais.

Le matin du 18 février 1800 où, se tenant par la main et poussant un dernier cri de : Vive le Roi ! ils s'écroulèrent d'un seul bloc dans la prairie qui a pris le nom de leur chef et qui est le champ des martyrs de l'insurrection normande, on peut dire — malgré ses soubresauts posthumes — que la Chouannerie était morte. Morte, comme la Vendée, moins de ses blessures que des concessions de ses adversaires et donc de sa victoire morale, puisque, la liberté du culte lui étant rendue, le principal de ses objets était rempli ; mais, en même temps, toute raison valable aux yeux du public, tout prétexte de persévérer lui étaient ôtés. Des attentats, comme l'exécution nocturne de l'évêque Audrein sur la route de Quimper à Landerneau (19 novembre 1800), l'explosion de la machine infernale de la rue Saint-Nicaise à Paris (24 décembre), montée par le joyeux Saint-Régent, et l'essai manqué d'assassinat ou de rapt du Premier Consul sur le chemin de la Malmaison, qui coûtera sa tête à Georges, l'honneur à Pichegru et la liberté à Moreau (25 juin 1804), seront l'œuvre d'isolés ou d'un groupe réduit d'individus sans racines dans l'opinion. Ils ne relèvent du mouvement populaire dont nous venons de tenter une esquisse impartiale que par le nom de leurs auteurs.